고용노동부
직업상담원

최 단 기 문 제 풀 이

무 기 계 약 직 전 임 상 담 원

고용보험법령

고용노동부
직업상담원
최단기문제풀이
고용보험법령

초판 발행　2022년 3월 18일
2쇄 발행　2022년 3월 21일

편 저 자 ｜ 공무원시험연구소
발 행 처 ｜ ㈜서원각
등록번호 ｜ 1999-1A-107호
주　　소 ｜ 경기도 고양시 일산서구 덕산로 88-45(가좌동)
교재주문 ｜ 031-923-2051
팩　　스 ｜ 031-923-3815
교재문의 ｜ 카카오톡 플러스 친구[서원각]
영상문의 ｜ 070-4233-2505
홈페이지 ｜ www.goseowon.com
책임편집 ｜ 정상민
디 자 인 ｜ 이규희

고용노동부에서는 지방고용노동청 및 지청의 고용센터에서 근무하게 될 "직업상담원"을 채용하고 있다. 직업상담원은 채용된 지방고용노동관서의 고용센터에서 구인 · 구직의 상담 및 직업소개에 관한 업무 등을 담당하게 된다. 하루 8시간 근무에 4대 보험이 적용되기 때문에 단기간 근로를 원하는 근로자 및 주부들의 관심이 클 것으로 예상된다.

이에 따라 수험서 전문 출판사인 ㈜서원각에서는 오랜 교재개발에 따른 노하우와 탁월한 적중률을 바탕으로 직업상담원으로 근무를 희망하는 지원자들이 단기간에 합격의 길로 다가설 수 있도록 본 교재를 출간하게 되었다.

본서는 직업상담원 필기시험 3과목 중 "고용보험법령"에 대한 문제집으로, 고용보험법령 과목을 체계적으로 편장을 구분한 뒤 기출문제분석을 통해 엄선된 출제 가능성이 높은 예상문제들을 수록하였다. 또한 매 문제마다 상세한 해설과 보충설명을 수록하여 학습능률을 높였다.

신념을 가지고 도전하는 사람은 반드시 그 꿈을 이룰 수 있다. 본서와 함께하는 이 도전이 합격이라는 열매를 맺을 수 있기를 바란다.

〈고용노동부 직업상담원 공개모집 안내〉

✔ 2022년 채용기준

▌응시자격

구분	주요 내용
학력 및 전공	• 학력 및 전공 무관
성별, 연령	• 제한 없음 (단, 정년 연령인 만 60세 미만자)
병역	• 남자의 경우 병역필 또는 면제자 * 단, 채용일 이전 전역예정자로서 전형절차에 응시가능자 지원 가능
자격 및 경력	• 「국가기술자격법」에 따른 직업상담사 자격을 취득한 사람 • 「고등교육법」에 따른 4년제 대학 이상의 학위를 취득한 사람 • 고등학교졸업 이상의 학력소지자로서 직업상담 관련분야 근무경력이 5년 이상인 사람 (※ 직무설명자료 참조) * 직업상담 관련분야의 경력이란 「직업안정법」에 따른 국·공립 직업안정기관, 국·공·사립학교, 무료직업소개사업을 하는 비영리법인, 「근로자직업능력개발법」에 따른 직업훈련기관, 「사회복지사업법」에 따른 사업복지기관, 「청소년기본법」에 의한 공공청소년단체 등에서 직업소개, 직업지도, 직업훈련 그 밖에 직업상담과 관련 있는 업무를 수행한 경력을 말한다.
기타	• 인사 관련규정 상 결격사유에 해당되지 않는 자 (※ 기타 유의사항 참조)

* 원서접수 마감일 기준

▌전형절차

필기시험	• 시험 형태 : 3과목 각 객관식 25문항(총 75문항) • 시험 과목 －(필수) 고용보험법령(시행규칙 미출제), 직업상담학 －(선택) 사회(정치, 경제, 사회문화) 또는 국민기초생활보장법령(시행규칙 미출제) 중 1과목 　　　※ 법령은 시험일 기준 시행 중인 법령

⇩

면접전형	• 필기시험 합격자를 대상으로 면접 전형 진행 • 공무 수행자로서의 직업기초능력, 직무수행능력 등을 평가

▌전형방법

전형단계	비고
지원서 접수	• 워크넷 e-채용마당 ※ 우편, 이메일, 방문접수 불가 　다만 장애인 전형은 현장 및 우편 접수 가능
필기시험	• 시험형태 : 3과목 각 25문항(총 75문항, 객관식) • 시험시간 : 70분 • 장소 : 대전　(구체적인 장소는 추후 공지)
필기시험 합격자 발표	• ○○지방고용노동청 홈페이지 공고 예정 　* 과목별 40점 이상, 성적순으로 응시단위(지청)별 채용인원의 2배수로 선발 　　다만 채용인원이 3명 미만인 경우 3배수 선발
면접전형	• 직무능력, 품성, 가치관, 조직 적응력 등 평가 　* 면접은 첨부된 직무설명 자료를 바탕으로 진행
최종 합격자 발표	• 필기시험과 면접 점수를 합산하여 고득점 순 선발 • 응시지역 관할 지방고용노동청(지청) 홈페이지에 공고 예정

※ 최종합격자의 채용포기, 결격사유 등 사정으로 결원 발생 시 면접시험 성적에 따라 추가 합격자 결정

2022년 시험전형일정	
전형단계	시험일정
지원서 접수	2022.3.10. 09:00~2022.3.17. 18:00
필기시험	2022.4.9. 14:30
필기시험 합격자 발표	2022.4.15.
면접전형	2022.4.20.~
최종 합격자 발표	2022.4.27.

※ 상기 일정은 변경될 수 있으며, 이 경우에는 각 (지)청 홈페이지 게시판에 공지됨

▌우대사항

구분	우대사항			
자격사항 〈필기전형〉	구분	가점대상 자격증		가점
	직무관련	• 직업상담사 1급		3점
		• 직업상담사 2급 • 사회복지사(1급, 2급) • 직업능력개발훈련교사		2점
	정보처리 분야	□ 통신 · 정보처리 분야 • 정보관리기술사, 전자계산조직응용기술사(컴퓨터시스템응용기술사), 정보처리기사, 전자계산기조직응용기사, 사무자동화산업기사, 정보처리산업기사, 전자계산기제어산업기사 □ 사무관리분야 • 워드프로세서, 컴퓨터활용능력		1점
	※ 폐지된 자격증으로서 국가기술자격법령 등에 따라 그 자격이 계속 인정되는 자격증은 가점 대상 자격증으로 인정한다. ※ 직무관련 자격증은 본인에게 유리한 자격증 1개만 적용(여러 개의 자격증을 제출하더라도 중복하여 가산하지 않음) ※ 정보처리분야 자격증은 1개만 적용(여러 개의 자격증을 제출하더라도 중복하여 가산하지 않음)			
취업지원 대상자 〈필기 · 면접전형〉	• 취업지원대상자를 규정한 법률에 따라 만점의 10점 또는 5점 부여 ☞ 취업지원 대상자를 규정한 법률 ▲「국가유공자 등 예우 및 지원에 관한 법률」 제29조 ▲「독립유공자예우에 관한 법률」 제16조 ▲「보훈보상대상자 지원에 관한 법률」 제33조 ▲「고엽제후유의증 등 환자지원 및 단체설립에 관한 법률」 제7조의9 ▲「5.18민주유공자 예우에 관한 법률」 제20조 ▲「특수임무유공자 예우 및 단체설립에 관한 법률」 제19조			
	※ 가점은 전형별 만점 배점 외로 추가 가산되며, 지원자가 가산대상에 중복 해당할 경우 중복하여 가산			

* 필기전형 시, 자격사항 가점 및 취업지원대상자 가점 모두 포함될 경우 중복 가산
* 「고용상 연령차별금지 및 고령자고용촉진에 관한 법률」 제15조제1항의 규정에 따른 준고령자와 고령자 우선고용 직종으로 동점자일 경우 고령자 · 준고령자 우대
* 우대사항은 원서접수 마감일을 기준으로 함

▌접수서류

제출 서류	제출 시기
NCS기반 입사지원서, 경험 혹은 경력 기술서, 자기소개서 각 1부	원서접수 시
자격요건 관련(해당부분 전체) •「국가기술자격법」에 따른 직업상담사 자격을 취득한 사람 　※ 직업상담사 자격증 사본 1부 •「고등교육법」에 따른 4년제 대학 이상의 학위를 취득한 사람 　※ 해당 대학 졸업증명서 사본 1부 • 고등학교졸업 이상의 학력소지자로서 직업상담 관련분야 근무경력이 5년 이상인 사람 　※ 고등학교 졸업증명서 및 경력증명서 각1부	면접 시
가점대상 자격증(해당부분 전체) • 직업상담사 등 직무관련 자격증 사본 각 1부(해당자) • 정보처리분야 관련 자격증 사본 각 1부(해당자)	
취업보호·지원대상자 증명서 각 1부(해당자, 국가보훈처 발급) 　☞ 취업지원 대상자를 규정한 법률 　▲「국가유공자 등 예우 및 지원에 관한 법률」제29조 　▲「독립유공자예우에 관한 법률」제16조 　▲「보훈보상대상자 지원에 관한 법률」제33조 　▲「고엽제후유의증 등 환자지원 및 단체설립에 관한 법률」제7조의9 　▲「5.18민주유공자 예우에 관한 법률」제20조 　▲「특수임무유공자 예우 및 단체설립에 관한 법률」제19조	

※ 경력증명서는 해당 모집분야와 관련하여 근무한 경력증명서를 첨부하되, 근무기간, 직위, 직급, 담당업무를 정확히 기재하고 발급확인자 서명 및 연락처 포함

▌ 근로조건

① 수습기간 : 채용일로부터 3개월

　　※ 교육성적, 직무수행능력 및 태도 등에 대한 평가를 통해 계속 고용 여부 결정

② 보수수준 : 전임직급 직업상담원 1호봉

　　※ 정액급식비, 명절상여금, 가족수당 및 법정수당 별도

　　※ 4대 보험 가입(건강보험, 국민연금, 고용보험, 산재보험)

③ 근무시간 : 주 5일(월~금), 1일 8시간(09:00~18:00, 휴게 1시간)

④ 근무 장소 : 응시지역 관할 지방고용노동청 및 관할 소속기관(지청)

　　* 근무 장소는 최초 배치시 응시단위(청·지청) 소속 고용센터 또는 관련 부서에 근무하게 되나, 효율적 인력운영을 위해 「고용노동부 공무직근로자 운영규정」에 따라 청 관할 내 소속기관 간 전보로 변경될 수 있음

⑤ 그 밖의 복무 등에 관한 사항은 "직업상담원 운영규정" 및 "고용노동부 공무직 근로자 운영규정"에 따름

▌ 응시원서 접수절차

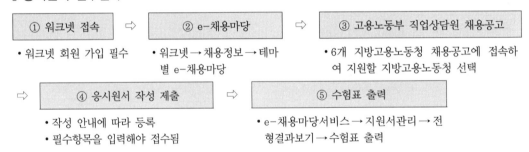

▌ 기타 유의사항

① 응시자가 「채용절차의 공정화에 관한 법률」 제11조에 따라 최종합격자 발표일의 다음날부터 30일까지 제출한 채용서류 반환을 신청하는 경우에는 반환(최종 채용 합격자, 홈페이지 또는 전자우편으로 제출된 경우는 제외)하며, 반환하지 않거나 전자적으로 접수한 서류는 「개인정보 보호법」에 따라 파기합니다.

② 응시자는 응시자격이 있어야만 응시가 가능하오니 응시자격을 반드시 확인하시기 바랍니다.

③ 제출한 서류 내용이 사실과 다를 경우 합격을 취소할 수 있습니다.

④ 입사지원서 등은 정확히 작성하여야 하고, 이를 준수하지 아니할 경우 사안에 따라 불이익을 받을 수 있습니다.

⑤ 입사지원서에 근무희망 지역(청·지청)을 반드시 기재하여야 하며, 그렇지 않을 경우 서류전형에서 제외됩니다.

⑥ 응시자는 서울청, 중부청, 부산청, 대구청, 광주청, 대전청 6개 청 중에서 1개의 청에만 응시 가능합니다. (2개 이상 청·지청 중복하여 접수할 경우 0점 처리)

⑦ 최종합격자의 채용포기, 결격사유 등 사정으로 결원 보충 필요시 면접시험 성적에 따라 추가합격자를 결정할 수 있습니다.

⑧ 채용시험 결과 적격자가 없을 경우 당초 예정인원보다 적게 채용할 수도 있습니다.

⑨ 합격자 발표 후라도 경력 조회 등을 통하여 결격사유가 발견될 경우 합격이 취소될 수 있습니다.

⑩ 본 계획은 사정에 의해 변경될 수 있으며, 변경된 사항은 해당시험 전에 변경 통지 또는 공고할 예정입니다.

⑪ 시험결과에 부당한 영향을 끼칠 목적으로 허위자료를 제출하였을 경우 관계 법령에 의거 형사고발 조치를 당할 수 있습니다.

⑫ 결격사유

– 피성년후견인 또는 피한정후견인(2013.7.1. 전에 선고를 받은 금치산자 또는 한정치산자를 포함한다)

– 파산선고를 받고 복권되지 아니한 사람

– 금고 이상의 형을 선고받고 그 집행이 종료되거나 집행을 받지 아니하기로 확정된 후 5년이 지나지 아니한 사람

– 금고 이상의 형을 선고받고 그 집행유예 기간이 끝난 날부터 2년이 지나지 아니한 사람

– 금고 이상의 형의 선고유예를 받은 경우에 그 선고유예기간 중에 있는 사람

– 법원의 판결 또는 다른 법률에 따라 자격이 상실되거나 정지된 사람

– 징계로 해고 처분을 받은 때부터 3년이 지나지 아니한 사람

⑬ 기타 자세한 내용은 아래 연락처로 문의하시기 바랍니다.
  ※ 고용노동부 본부(☎ 044-202-7337)
  ※ 서울지방고용노동청 고용관리과(☎ 02-2250-5812)
  ※ 중부지방고용노동청 고용관리과(☎ 032-460-4511)
  ※ 부산지방고용노동청 고용관리과(☎ 051-850-6321)
  ※ 대구지방고용노동청 고용관리과(☎ 053-667-6319)
  ※ 광주지방고용노동청 고용관리과(☎ 062-975-6263)
  ※ 대전지방고용노동청 고용관리과(☎ 042-480-6217)

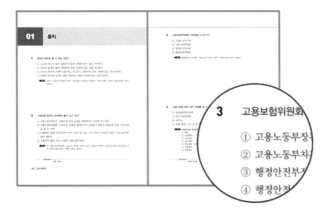

신통한 문제!

기출문제 분석을 통해 시험 출제 경향을 반영하여 시험에 꼭 나올 만한 문제를 엄선하여 수록하였습니다.

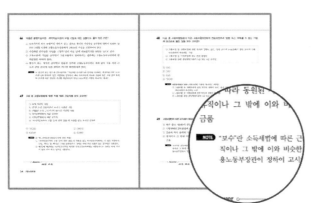

착한 해설!

학습능률을 높이는 상세하고 꼼꼼한 해설로 합격에 한 걸음 더 가까이 다가갈 수 있습니다.

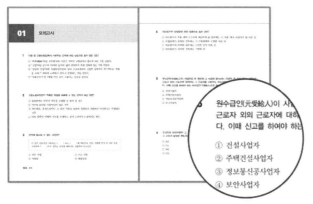

실전 모의고사

시험 전 마무리를 위한 실전 대비 모의고사를 수록하여 최종 점검을 할 수 있습니다.

PART

01

고용보험법령

1 실업의 정의로 볼 수 있는 것은?

① 근로의 의사가 없어 취업하지 못한 상태에 있는 것을 의미한다.
② 근로의 능력이 없어 취업하지 못한 상태에 있는 것을 의미한다.
③ 근로의 의사와 능력이 있음에도 불구하고 취업하지 못한 상태에 있는 것을 말한다.
④ 근로의 의사와 능력이 없어 취업하지 못한 상태에 있는 것을 말한다.

> **NOTE** 실업은 근로의 의사와 능력이 있음에도 불구하고 취업하지 못한 상태를 뜻한다〈고용노동법 제2조 제3호〉.

2 고용보험 통계의 관리에서 옳지 않은 것은?

① 고용노동부장관은 고용보험 관련 통계를 체계적으로 관리하여야 한다.
② 고용노동부차관은 고용보험 통계를 체계적으로 운영하기 위하여 고용보험 통계 전문요원을 둘 수 있다.
③ 고용보험 통계 전문요원의 자격, 복무 및 보수 등에 관하여 필요한 사항은 고용노동부장관이 정한다.
④ 고용보험 통계 관리 소관은 고용노동부이다.

> **NOTE** ② 고용노동부장관은 고용보험 통계를 체계적으로 운영하기 위하여 고용보험 통계 전문요원을 둘 수 있다〈고용보험법 시행령 제5조 제2항〉.

○ **Answer** ○
1.③ 2.②

3 고용보험위원회의 위원장은 누구인가?

① 고용노동부장관
② 고용노동부차관
③ 행정안전부장관
④ 행정안전부차관

> **NOTE** 위원회의 위원장은 고용노동부차관이 된다〈고용보험법 제7조 제4항〉.

4 고용노동법 관련 업무 대행을 할 수 없는 곳은 어디인가?

① 정부출연연구기관
② 한국고용정보원
③ 중학교
④ 보험 관련 조사 및 연구를 수행할 수 있는 민간연구기관

> **NOTE** 고등교육법 제2조에 따른 학교(부설 연구기관을 포함)〈고용보험법 시행령 제6조 제1항〉
> ㉠ 대학
> ㉡ 산업대학
> ㉢ 교육대학
> ㉣ 전문대학
> ㉤ 방송대학·통신대학·방송통신대학 및 사이버대학(이하 "원격대학"이라 한다)
> ㉥ 기술대학
> ㉦ 각종학교

○ **Answer** ○
3.② 4.③

5 고용노동법의 적용을 받는 사람은?

① 소정근로시간이 1개월간 60시간 미만인 사람
② 별정우체국법에 따른 별정우체국 직원
③ 사립학교교직원 연금법 적용을 받는 사람
④ 65세 이후에 고용된 사람

> **NOTE** 65세 이후에 고용(65세 전부터 피보험 자격을 유지하던 사람이 65세 이후에 계속하여 고용된 경우는 제외한다)되거나 자영업을 제시한 사람에게는 제4장 및 제5장을 적용하지 아니한다〈고용노동법 제10조 제2항〉.

6 고용보험사업 평가기관에 대한 설명으로 옳지 않은 것은?

① 고용노동부장관이 지정하는 기관이어야 한다.
② 고용노동부장관은 평가기관에 대하여 예산의 범위에서 업무 수행에 필요한 비용을 지원할 수 있다.
③ 평가기관은 대행기관 또는 수탁기관에 평가를 위하여 필요한 자료의 제출을 요청할 수 있다.
④ 평가기관의 구체적인 업무, 지정기간 등에 관하여 필요한 사항은 고용노동부차관이 정하여 고시한다.

> **NOTE** ④ 평가기관의 구체적인 업무, 지정기간 등에 관하여 필요한 사항은 고용노동부장관이 정하여 고시한다〈고용보험법 시행령 제6조의2 제4항〉.

○ **Answer** ○
5.④ 6.④

7 다음 중 고용보험위원회의 구성에 관한 설명으로 옳은 것은?

① 사용자를 대표하는 사람은 각각 지방 규모의 노동단체와 지방 규모의 사용자단체에서 추천하는 사람 중에서 정한다.
② 정부를 대표하는 사람은 고용보험 관련 지방자치단체의 고위공무원단에 속하는 공무원 중에서 임명한다.
③ 각 대표는 고용노동부차관이 임명한다.
④ 공익을 대표하는 사람은 고용보험과 그 밖의 고용노동 분야 전반에 관하여 학식과 경험이 풍부한 사람 중에서 위촉한다.

> **NOTE** 고용보험위원회의 구성〈고용보험법 시행령 제1조의3〉
> ⊙ 근로자와 사용자를 대표하는 사람은 각각 전국 규모의 노동단체와 전국 규모의 사용자단체에서 추천하는 사람 중에서 고용노동부장관이 위촉한다.
> ⊙ 공익을 대표하는 사람은 고용보험과 그 밖의 고용노동 분야 전반에 학식과 경험이 풍부한 사람 중에서 고용노동부장관이 위촉한다.
> ⓒ 정부를 대표하는 사람은 고용보험 관련 중앙행정기관의 고위공무원단에 속하는 공무원 중에서 고용노동부장관이 임명한다.

8 고용보험법상 고용보험법의 적용대상이 될 수 있는 사람은?

① 1개월간의 소정근로시간이 60시간 미만인 사람
② 사립학교교직원연금법의 적용을 받는 사람
③ 별정우체국법에 의한 별정우체국 직원
④ 일용근로자

> **NOTE** 1개월간 소정근로시간이 60시간 미만인 사람(1주간의 소정근로시간이 15시간 미만인 사람을 포함한다)은 고용보험이 적용되지 아니한다. 다만, 3개월 이상 계속하여 근로를 제공하는 사람과 일용근로자는 제외한다. 즉, 고용보험이 적용된다〈고용보험법 시행령 제3조 참조〉.

○ **Answer** ○
7.④ 8.④

9 고용보험법의 목적에 대한 설명으로 틀린 것은?

① 근로자의 실업의 예방 및 직업능력의 개발과 향상을 도모한다.
② 모성보호급여를 지급함으로써 여성의 고용촉진과 사업장에서 남녀고용평등을 실현한다.
③ 국가의 직업지도와 직업소개 기능을 강화한다.
④ 근로자가 실업한 경우에 생활에 필요한 급여를 실시하여 근로자의 생활안정과 구직활동을 촉진한다.

> **NOTE** ②는 남녀고용평등과 일·가정 양립 지원에 관한 법률의 목적에 해당한다.

10 고용보험법상 용어에 관한 설명으로 틀린 것은?

① '보수'란 소득세법에 따른 근로소득에서 비과세 근로소득을 뺀 금액을 말한다.
② '일용근로자'라 함은 6월 미만의 기간 동안 고용되는 사람을 말한다.
③ '이직'은 피보험자와 사업주 사이의 고용관계가 끝나게 되는 것을 말한다.
④ '실업'은 근로의 의사 및 능력을 가지고 있음에도 불구하고 취업하지 못한 상태에 있는 것을 말한다.

> **NOTE** 일용근로자란 1개월 미만 고용되는 사람을 말한다〈고용보험법 제2조 제6호〉.

───── **Answer** ─────
9.② 10.②

11 다음 중 고용보험법의 목적으로 볼 수 없는 것은?

① 실업의 예방
② 근로자의 직업능력의 개발과 향상
③ 근로자의 최대 임금보장
④ 국가의 직업지도와 직업소개 기능의 강화

> **NOTE** 고용보험법은 고용보험의 시행을 통하여 실업의 예방, 고용의 촉진 및 근로자 등의 직업능력의 개
> 발과 향상을 꾀하고, 국가의 직업지도와 직업소개 기능을 강화하며, 근로자 등이 실업한 경우에
> 생활에 필요한 급여를 실시하여 근로자 등의 생활안정과 구직 활동을 촉진함으로써 경제·사회
> 발전에 이바지하는 것을 목적으로 한다〈고용보험법 제1조〉.

12 피보험자와 사업주 사이의 고용관계가 끝나는 것을 무엇이라 하는가?

① 전직
② 이직
③ 퇴직
④ 전보

> **NOTE** "이직"이란 피보험자와 사업주 사이의 고용관계가 끝나게 되는 것을 말한다〈고용보험법 제2조 제2호〉.

13 다음 중 실업을 인정할 수 있는 사람은?

① 근로자 본인
② 시장·군수·구청장
③ 시·도지사
④ 직업안정기관의 장

> **NOTE** "실업의 인정"이란 직업안정기관의 장이 제43조에 따른 수급자격자가 실업한 상태에서 적극적으로
> 직업을 구하기 위하여 노력하고 있다고 인정하는 것을 말한다〈고용보험법 제2조 제4호〉.

º **Answer** º

11.③ 12.② 13.④

14 다음 중에서 일용근로자에 해당하는 사람은?

① 1개월 미만 동안 고용되는 사람

② 6개월 미만 동안 고용되는 사람

③ 1년 미만 동안 고용되는 사람

④ 2년 미만 동안 고용되는 사람

> **NOTE** "일용근로자"란 1개월 미만 동안 고용되는 사람을 말한다〈고용보험법 제2조 제6호〉.

15 다음 중에서 고용보험을 관장할 수 있는 사람은?

① 관할 고용노동지청장

② 고용노동부장관

③ 직업안정기관의 장

④ 기획재정부장관

> **NOTE** 고용보험(이하 "보험"이라 한다)은 고용노동부장관이 관장한다〈고용보험법 제3조〉.

16 고용보험사업에 포함될 수 없는 것은?

① 직업능력개발사업

② 퇴직급여

③ 육아휴직 급여

④ 출산전후휴가 급여

> **NOTE** 고용보험사업(이하 "보험사업"이라 한다)으로 실시할 수 있는 것으로는 고용안정·직업능력개발사업, 실업급여, 육아휴직 급여, 출산전후휴가 급여 등을 실시한다〈고용보험법 제4조 제1항〉.

Answer

14.① 15.② 16.②

17 고용보험사업과 비용의 국고부담에 관한 내용 중 옳지 않은 것은?

① 보험사업의 보험연도는 정부의 회계연도에 따른다.

② 국가는 보험사업의 관리·운영에 드는 비용을 부담할 수 있다.

③ 보험사업에 드는 비용은 특별회계에서 부담할 수 있다.

④ 보험사업은 근로자의 생활안정과 구직활동을 촉진함으로써 경제·사회 발전에 이바지 하는 것을 목적으로 한다.

> **NOTE** 국가는 매년 보험사업에 드는 비용의 일부를 일반회계에서 부담하여야 한다〈고용보험법 제5조 제1항〉.

18 고용보험위원회가 심의할 사항이 아닌 것은?

① 보험사업의 개선에 관한 사항

② 보험료율의 결정에 관한 사항

③ 고용보험의 관장에 관한 사항

④ 기금의 운용 결과에 관한 사항

> **NOTE** 고용보험위원회의 심의 사항〈고용보험법 제7조 제2항〉.
> ㉠ 보험제도 및 보험사업의 개선에 관한 사항
> ㉡ 고용산재보험료징수법에 따른 보험료율의 결정에 관한 사항
> ㉢ 보험사업의 평가에 관한 사항
> ㉣ 기금운용 계획의 수립 및 기금의 운용 결과에 관한 사항
> ㉤ 그 밖에 위원장이 보험제도 및 보험사업과 관련하여 위원회의 심의가 필요하다고 인정하는 사항

○ **Answer** ○

17.③ 18.③

19 고용보험위원회의 구성에 관한 내용 중에서 잘못된 것은?

① 위원회는 위원장 1명을 포함한 20명 이내의 위원으로 구성한다.

② 고용노동부차관이 위원장이 된다.

③ 심의 사항을 사전에 검토하기 위해서 위원회에 전문위원회를 둘 수 있다.

④ 위원회의 구성·운영에 관하여 필요한 사항은 고용노동부령으로 정한다.

> **NOTE** 위원회 및 전문위원회의 구성·운영과 그 밖에 필요한 사항은 대통령령으로 정한다〈고용보험법 제7조 제6항〉.

20 다음 중 고용보험위원회의 회원으로 노동단체에서 추천한 사람 중 고용노동부장관이 위촉할 수 있는 사람은?

① 근로자와 사용자를 대표하는 사람

② 근로자와 공익을 대표하는 사람

③ 사용자와 공익을 대표하는 사람

④ 공익과 정부를 대표하는 사람

> **NOTE** 근로자와 사용자를 대표하는 사람은 각각 전국 규모의 노동단체와 전국 규모의 사용자단체에서 추천하는 사람 중에서 고용노동부장관이 위촉한다〈고용보험법 시행령 제1조의3 제1항〉.

21 고용보험과 고용노동 분야 전반에 관하여 학식과 경험이 풍부해야 하는 위원은?

① 근로자를 대표하는 사람

② 사용자를 대표하는 사람

③ 공익을 대표하는 사람

④ 정부를 대표하는 사람

> **NOTE** 공익을 대표하는 사람은 고용보험과 그 밖의 고용노동 분야 전반에 관하여 학식과 경험이 풍부한 사람 중에서 고용노동부장관이 위촉한다〈고용보험법 시행령 제1조의3 제2항〉.

○ Answer ○
19.④ 20.① 21.③

22 다음 중 고용보험위원회 위촉위원의 임기로 옳은 것은?

① 2년
② 3년
③ 4년
④ 5년

> **NOTE** 고용보험위원회 위촉위원의 임기는 2년으로 한다. 다만, 보궐위원의 임기는 전임자 임기의 남은 기간으로 한다〈고용보험법 시행령 제1조의4 제1항〉.

23 전문위원회에 관한 내용으로 옳지 않은 것은?

① 위원장 1명을 포함한 15명 이내의 위원으로 구성한다.
② 위원장은 전문위원회의 위원 중에서 호선한다.
③ 위원회에 고용보험운영전문위원회와 고용보험평가전문위원회를 둔다.
④ 위원장은 전문위원회가 심의 사항에 대하여 검토·조정한 결과를 위원회에 보고하여야 한다.

> **NOTE** 위원회의 위원장은 위원회의 위원 중에서 전문위원회의 위원장을 임명하거나 위촉하고, 다음의 어느 하나에 해당하는 사람 중에서 전문위원회의 위원을 임명하거나 위촉한다〈고용보험법 시행령 제1조의7 제3항〉.
> ㉠ 고용보험 등 사회보험에 관한 학식과 경험이 있고, 전국 규모의 노동단체나 전국 규모의 사용자단체에서 추천하는 사람
> ㉡ 고용보험 등 사회보험에 관한 학식과 경험이 풍부한 사람
> ㉢ 고용보험 관련 중앙행정기관의 3급 또는 4급 공무원

○ **Answer** ○
22.① 23.②

24 고용보험위원회 의결 정족수로 옳은 것은?

① 재적위원 1/3의 출석으로 개의하고 출석위원 과반수의 찬성으로 의결한다.
② 재적위원 과반수의 출석으로 개의하고 출석위원 과반수의 찬성으로 의결한다.
③ 재적위원 과반수의 출석으로 개의하고 출석위원 2/3의 찬성으로 의결한다.
④ 재적위원 1/3의 출석으로 개의하고 출석위원 2/3의 찬성으로 의결한다.

> **NOTE** 고용보험위원회의 회의는 재적위원 과반수의 출석으로 개의하고 출석위원 과반수의 찬성으로 의결한다〈고용보험법 시행령 제1조의6 제2항〉.

25 고용보험위원회의 간사 및 위원의 수당에 관한 내용 중 틀린 것은?

① 위원회에는 간사 1명을 두어야 한다.
② 간사는 고용노동부 소속 공무원 중에서 위원회의 위원장이 임명한다.
③ 위원에게는 예산의 범위에서 수당과 여비를 지급할 수 있다.
④ 소관 업무와 직접 관련되는 공무원인 위원에게도 수당과 여비를 지급하여야 한다.

> **NOTE** 고용보험위원회 등의 회의에 출석하거나 회의 안건에 대한 검토의견을 제출한 위원에게는 예산의 범위에서 수당과 여비를 지급할 수 있다. 다만, 그 소관 업무와 직접 관련되는 공무원인 위원에게는 수당과 여비를 지급하지 아니한다〈고용보험법 시행령 제1조의11〉.

26 다음 중 고용보험법을 적용하지 않는 경우로 옳지 않은 것은?

① 농업 · 임업 · 어업 중 법인이 아닌 자가 상시 4명 이하의 근로자를 사용하는 사업
② 총공사금액이 3천만 원 미만인 공사
③ 연면적이 100제곱미터 이하인 건축물의 건축
④ 가구 내 고용활동

> **NOTE** 고용보험법시행령은 총공사금액이 2천만 원 미만인 공사에는 적용되지 아니한다〈고용보험법 시행령 제2조 제3항〉.

Answer
24.② 25.④ 26.②

27 다음 중 소정근로시간이 대통령령으로 정하는 시간 미만인 사람은?

① 1개월간 소정근로시간이 60시간 미만인 사람
② 3개월간 소정근로시간이 60시간 미만인 사람
③ 1개월간 소정근로시간이 30시간 미만인 사람
④ 3개월간 소정근로시간이 30시간 미만인 사람

> **NOTE** "소정근로시간이 대통령령으로 정하는 시간 미만인 사람"이란 1개월간 소정근로시간이 60시간 미만인 사람(1주간의 소정근로시간이 15시간 미만인 사람을 포함한다)을 말한다. 다만, 3개월 이상 계속하여 근로를 제공하는 사람과 일용근로자는 제외한다〈고용보험법 시행령 제3조 제1항〉.

28 별정직·계약직 공무원의 보험 가입 및 탈퇴에 관한 내용으로 옳지 않은 것은?

① 별정직 또는 임기제 공무원이 임용된 경우에 가입대상 공무원이 소속된 행정기관의 장은 지체 없이 본인의 의사를 확인하여야 한다.
② 소속기관의 장은 보험가입 의사가 있는 것으로 확인된 가입대상 공무원에 대하여 임용된 날부터 3개월 이내에 고용노동부장관에게 고용보험 가입을 신청하여야 한다.
③ 보험 가입을 신청한 경우에 해당 가입대상 공무원은 가입을 신청한 날의 다음 날에 피보험자격을 취득한 것으로 본다.
④ 고용보험에 가입한 공무원에 대한 보험료율은 소속기관이 전액 부담한다.

> **NOTE** 고용보험에 가입한 공무원에 대한 보험료율은 실업급여의 보험료율로 하되, 소속기관과 고용보험에 가입한 공무원이 각각 2분의 1씩 부담한다〈고용보험법 시행령 제3조의2 제6항〉.

○ **Answer** ○

27.① 28.④

29 다음 중 고용보험법이 적용될 수 있는 근로자는?

① 65세 이후 자영업을 개시한 사람
② 소정근로시간이 대통령령으로 정하는 시간 미만인 사람
③ 국가공무원법과 지방공무원법에 따른 공무원
④ 사립학교교직원 연금법의 적용을 받는 사람

> **NOTE** ① 65세 이후에 고용(65세 전부터 피보험 자격을 유지하던 사람이 65세 이후에 계속하여 고용된 경우는 제외한다)되거나 자영업을 개시한 사람에게는 제4장 및 제5장을 적용하지 아니한다〈고용 보험법 제10조 제2항〉. 즉, 4~5장을 제외한 나머지 장에 대해서는 고용보험법을 적용한다.

30 사업주가 대리인을 선임하거나 해임하였을 경우의 절차로 옳은 것은?

① 고용노동부장관에게 신고하여야 한다.
② 관할 직업안정기관의 장에게 신고하여야 한다.
③ 고용노동부장관의 인가를 받아야 한다.
④ 관할 직업안정기관의 장의 인가를 받아야 한다.

> **NOTE** 사업주는 대리인을 선임하거나 해임하였을 때에는 고용노동부령으로 정하는 바에 따라 고용노동 부장관에게 신고하여야 한다〈고용보험법 시행령 제4조 제2항〉.

31 다음 중 고용보험법에서 규정한 적용 제외 근로자에 해당하지 않는 사람은?

① 1개월간 소정근로시간이 60시간 미만인 사람
② 65세 이후에 고용된 사람
③ 사립학교교직원 연금법의 적용을 받는 사람
④ 국가공무원법에 따른 공무원

> **NOTE** 65세 이후에 고용되거나 자영업을 개시한 사람은 적용을 제외한다는 조항은 2019. 01. 15.에 삭 제되었다.

○ **Answer** ○
29.① 30.① 31.②

32 보험사업의 평가에 관한 내용 중 잘못된 것은?

① 평가기관의 구체적인 업무, 지정기간 등에 관하여 필요한 사항은 직업안정기관의 장이 고시한다.
② 고용노동부장관은 보험사업에 대하여 상시적이고 체계적인 평가를 하여야 한다.
③ 고용노동부장관은 평가의 전문성을 확보하기 위하여 대통령령으로 정하는 기관에 평가를 의뢰할 수 있다.
④ 고용노동부장관은 평가 결과를 반영하여 보험사업을 조정하거나 기금운용 계획을 수립하여야 한다.

> **NOTE** 보험사업 평가기관의 구체적인 업무, 지정기간 등에 관하여 필요한 사항은 고용노동부장관이 정하여 고시한다〈고용보험법 시행령 제6조의2 제4항〉.

33 다음 중 고용보험위원회에 대한 설명으로 가장 알맞은 것은?

① 근로자와 사용자를 대표하는 사람은 각각 지역단위의 노동단체와 사용자단체에서 추천하는 사람 중에서 대통령이 임명한다.
② 위원회는 위원장 1명을 제외한 20명 이내의 위원으로 구성한다.
③ 위원회의 위원장은 고용노동부장관이 된다.
④ 위원회는 심의 사항을 사전에 검토·조정하기 위하여 위원회에 전문위원회를 둘 수 있다.

> **NOTE** ① 근로자와 사용자를 대표하는 사람은 각각 전국 규모의 노동단체와 전국 규모의 사용자단체에서 추천하는 사람 중에서 고용노동부장관이 위촉한다.
> ② 위원회는 위원장 1명을 포함한 20명 이내의 위원으로 구성한다.
> ③ 위원회의 위원장은 고용노동부차관이 된다.〈고용보험법 제7조〉

○ **Answer** ○
32.① 33.④

34 다음 중 고용보험위원회에 대한 설명으로 옳지 않은 것은?

① 고용산재보험료징수법 시행에 관한 주요 사항을 심의하기 위하여 고용노동부에 전문위원회를 둔다.

② 위원회는 고용산재보험료징수법에 따른 보험료율의 결정에 관한 사항을 심의한다.

③ 위원회는 위원장 1명을 포함한 20명 이내의 위원으로 구성한다.

④ 위원회 및 전문위원회의 구성·운영과 그 밖에 필요한 사항은 대통령령으로 정한다.

> **NOTE** ① 고용산재보험료징수법(보험에 관한 사항만 해당한다)의 시행에 관한 주요 사항을 심의하기 위하여 고용노동부에 고용보험위원회를 둔다〈고용보험법 제7조 제1항〉.
> ※ 위원회는 심의 사항을 사전에 검토·조정하기 위하여 위원회에 전문위원회를 둘 수 있다〈고용보험법 제7조 제5항〉.

35 다음 용어의 설명 중 옳지 않은 것은?

① "피보험자"란 보험에 가입되거나 가입된 것으로 보는 근로자를 말한다.

② "이직(離職)"이란 피보험자와 사업주 사이의 고용관계가 끝나게 되는 것을 말한다.

③ "실업"이란 근로의 의사와 능력이 없어 취업하지 못한 상태에 있는 것을 말한다.

④ "일용근로자"란 1개월 미만 동안 고용되는 사람을 말한다.

> **NOTE** "실업"이란 근로의 의사와 능력이 있음에도 불구하고 취업하지 못한 상태에 있는 것을 말한다.〈고용보험법 제2조〉

36 다음 중 고용보험법상의 내용이 아닌 것은?

① 고용정보의 제공　　　　　　　② 실업급여의 지급

③ 직업능력개발 사업　　　　　　④ 일용근로자 등의 고용안정 지원

> **NOTE** ④ 고용정책기본법상의 내용이다.

37 고용보험법의 적용대상이 될 수 있는 근로자는?

① 별정우체국법에 의한 별정우체국 직원
② 국가공무원법에 의한 공무원
③ 사립중학교에 고용된 35세의 교원
④ 상시 4인 이하의 근로자를 사용하는 사업장의 근로자

> **NOTE** 고용보험의 적용제외 근로자〈고용보험법 제10조〉.
> ㉠ 소정근로시간이 대통령령으로 정하는 시간 미만인 사람
> ㉡ 국가공무원법과 지방공무원법에 따른 공무원
> ㉢ 사립학교교직원 연금법의 적용을 받는 사람
> ㉣ 대통령령으로 정하는 외국인 근로자
> ㉤ 별정우체국법에 의한 별정우체국 직원

38 고용보험법의 적용대상이 될 수 없는 근로자는?

① 1년 이상 근무한 근로자
② 6개월 이상 고용보험에 가입된 근로자
③ 10인 이상 고용사업장의 근로자
④ 1주간 소정근로시간이 15시간 미만인 사람

> **NOTE** 고용보험의 적용제외 근로자〈고용보험법 제10조〉
> ㉠ 소정근로시간이 대통령령으로 정하는 시간 미만인 사람
> ㉡ 국가공무원법 및 지방공무원법에 따른 공무원 다만 대통령령으로 정하는 바에 따라 별정적공무원, 「국가공무원법」, 「지방공무원법」에 따른 임기제 공무원의 경우는 본인의 의사에 따라 고용보험에 가입할 수 있다.
> ㉢ 「사립학교교직원 연금법」의 적용을 받는 사람
> ㉣ 그 밖에 대통령령으로 정하는 사람

○ **Answer** ○

39 다음 중 고용보험법상의 사업으로 볼 수 없는 것은?

① 고용안정사업
② 직업능력개발사업
③ 공공근로사업
④ 실업급여

> **NOTE** 고용보험법의 목적을 이루기 위하여 고용보험사업으로서 고용안정사업, 직업능력개발사업, 실업급여, 육아휴직급여 및 출산전후휴가급여 등을 실시한다〈고용보험법 제4조〉.

40 다음 중 고용보험법에서 정의하고 있는 용어의 설명으로 옳은 것을 모두 고른 것은?

> ㉠ 이직 : 피보험자와 사업주 사이의 고용관계가 끝나게 되는 것
> ㉡ 실업 : 근로의 의사가 없어 취업하지 않는 상태에 있는 것
> ㉢ 실업의 인정 : 직업안정기관의 장이 수급자격자가 실업한 상태에서 적극적으로 직업을 구하기 위하여 노력하고 있다고 인정하는 것

① ㉠
② ㉢
③ ㉠㉡
④ ㉠㉢

> **NOTE** 실업은 근로의 의사와 능력이 있음에도 불구하고 취업하지 못한 상태에 있는 것을 말한다.〈고용보험법 제2조〉

41 다음 중 고용노동부장관이 임명하거나 위촉하는 고용보험위원회 임원의 대상이 아닌 것은?

① 근로자를 대표하는 사람

② 사용자를 대표하는 사람

③ 정부를 대표하는 사람

④ 정당을 대표하는 사람

> **NOTE** 위원회 위원의 임명〈고용보험법 제7조 제4항〉
> ㉠ 근로자를 대표하는 사람
> ㉡ 사용자를 대표하는 사람
> ㉢ 공익을 대표하는 사람
> ㉣ 정부를 대표하는 사람

42 고용보험사업에 대한 설명 중 옳지 않은 것은?

① 고용보험법의 목적을 이루기 위한 고용보험사업에는 고용안정·직업능력개발 사업, 실업 급여, 육아휴직 급여 및 출산전후휴가 급여 등이 있다.

② 국가는 매년 보험사업에 드는 비용의 일부를 일반회계에서 부담하여야 한다.

③ 국가는 보험사업의 관리 및 운영에 드는 비용을 예산의 범위를 초과하여 부담하여야 한다.

④ 보험사업에 드는 비용을 충당하기 위하여 징수하는 보험료와 그 밖의 징수금에 대하여는 고용산재보험료징수법으로 정하는 바에 따른다.

> **NOTE** ③ 국가는 매년 예산의 범위에서 보험사업의 관리·운영에 드는 비용을 부담할 수 있다〈고용보험법 제5조 제2항〉.

---

43 다음 중 고용보험법 시행령에 따른 고용보험위원회의 구성에 관한 설명으로 옳지 않은 것은?

① 사용자를 대표하는 사람은 각각 전국 규모의 노동단체와 전국 규모의 사용자단체에서 추천하는 사람 중에서 정한다.

② 정부를 대표하는 사람은 고용보험 관련 지방자치단체의 고위공무원단에 속하는 공무원 중에서 임명한다.

③ 각 대표는 고용노동부장관이 임명한다.

④ 공익을 대표하는 사람은 고용보험과 그 밖의 고용노동 분야 전반에 관하여 학식과 경험이 풍부한 사람 중에서 위촉한다.

> **NOTE** ② 정부를 대표하는 사람은 고용보험 관련 중앙행정기관의 고위공무원단에 속하는 공무원 중에서 고용노동부장관이 임명한다.
> ※ 고용보험위원회의 구성〈고용보험법 시행령 제1조의3〉
> ㉠ 근로자와 사용자를 대표하는 사람은 각각 전국 규모의 노동단체와 전국 규모의 사용자단체에서 추천하는 사람 중에서 고용노동부장관이 위촉한다.
> ㉡ 공익을 대표하는 사람은 고용보험과 그 밖의 고용노동 분야 전반에 관하여 학식과 경험이 풍부한 사람 중에서 고용노동부장관이 위촉한다.
> ㉢ 정부를 대표하는 사람은 고용보험 관련 중앙행정기관의 고위공무원단에 속하는 공무원 중에서 고용노동부장관이 임명한다.

44 다음 중 고용보험에 관한 설명으로 옳은 것은?

① 고용보험은 대통령이 관장한다.

② 고용보험법 및 고용산재보험료징수법(보험에 관한 사항)의 시행에 관한 주요 사항을 심의하기 위하여 행정안전부 소속으로 고용보험위원회를 설치한다.

③ 65세 이상의 근로자에게는 고용보험법을 적용하지 않는다.

④ 국가는 매년 예산의 범위에서 보험사업의 관리·운영에 드는 비용을 부담할 수 있다.

> **NOTE** ① 고용보험은 고용노동부장관이 관장한다.
> ② 고용보험법 및 고용산재보험료징수법(보험에 관한 사항만 해당)의 시행에 관한 주요 사항을 심의하기 위하여 고용노동부에 고용보험위원회를 둔다.
> ③ 해당 조항은 2019. 01. 15.에 삭제되었다.

○ **Answer** ○
43.② 44.④

45 다음 중 고용보험법 시행령에 따른 전문위원회에 관한 설명으로 옳지 않은 것은?

① 위원회에 고용보험운영전문위원회와 고용보험평가전문위원회를 둔다.

② 위원장은 고용보험 관련 중앙행정기관의 3급 또는 4급 공무원 등을 위원으로 임명할 수 있다.

③ 전문위원회의 위원장은 전문위원회가 심의 사항에 대하여 검토·조정한 결과를 위원회에 보고하여야 한다.

④ 전문위원회는 각각 위원장 1명을 포함한 10명 이내의 위원으로 구성한다.

> **NOTE** ④ 전문위원회는 각각 위원장 1명을 포함한 15명 이내의 위원으로 구성한다.
>
> ※ 전문위원회〈고용보험법 시행령 제1조의7〉
>
> ⑦ 고용보험법 규정에 따라 위원회에 고용보험운영전문위원회와 고용보험평가전문위원회(전문위원회)를 둔다.
>
> ⓛ 전문위원회는 각각 위원장 1명을 포함한 15명 이내의 위원으로 구성한다.
>
> ⓒ 위원회의 위원장은 위원회의 위원 중에서 전문위원회의 위원장을 임명하거나 위촉하고, 다음의 어느 하나에 해당하는 사람 중에서 전문위원회의 위원을 임명하거나 위촉한다.
>
> • 고용보험 등 사회보험에 관한 학식과 경험이 있고, 전국 규모의 노동단체나 전국 규모의 사용자단체에서 추천하는 사람
>
> • 고용보험 등 사회보험에 관한 학식과 경험이 풍부한 사람
>
> • 고용보험 관련 중앙행정기관의 3급 또는 4급 공무원
>
> ⓓ 전문위원회의 위원장은 동법 규정에 따라 전문위원회가 심의 사항에 대하여 검토·조정한 결과를 위원회에 보고하여야 한다.
>
> ⓜ 전문위원회에 관하여는 고용보험법상의 규정을 준용한다.

○ **Answer** ○
45.④

46 다음은 별정직공무원·계약직공무원의 보험 가입에 대한 설명이다. 옳지 않은 것은?

① 소속기관의 장은 보험가입 의사가 있는 것으로 확인된 가입대상 공무원에 대하여 임용된 날부터 3개월 이내에 고용노동부장관에게 고용보험 가입을 신청하여야 한다.

② 가입대상 공무원은 가입을 신청한 날의 다음 날에 피보험자격을 취득한 것으로 본다.

③ 고용보험에 가입한 공무원이 고용보험에서 탈퇴하려는 경우에는 고용노동부장관에게 탈퇴신청을 하여야 한다.

④ 별정직 또는 계약직 공무원이 임용된 경우에 고용노동부장관은 지체 없이 적용 제외 근로자 규정 단서에 따른 본인의 의사를 확인하여야 한다.

> **NOTE** ④ 별정직 또는 임기제 공무원(이하 "가입대상 공무원"이라 한다)을 임용하는 행정기관(이하 "소속기관"이라 한다)의 장은 가입대상 공무원이 해당 소속기관에 최초로 임용된 경우 지체 없이 동법의 단서에 따른 본인의 의사를 확인하여야 한다〈고용보험법 시행령 제3조의2 제1항〉.

47 다음 중 고용보험법에 따른 적용 제외 근로자를 모두 고르면?

> ㉠ 55세 이상인 사람
> ㉡ 1주간 소정 근로시간이 40시간 미만인 사람
> ㉢ 1개월간 소정 근로시간이 60시간 미만인 사람
> ㉣ 국가공무원법에 따른 공무원
> ㉤ 지방공무원법에 따른 공무원
> ㉥ 「외국인근로자의 고용 등에 관한 법률」의 적용을 받는 외국인 근로자

① ㉠㉡㉢　　　　　　　　　　　② ㉠㉢㉣
③ ㉡㉢㉣　　　　　　　　　　　④ ㉢㉣㉤

> **NOTE** ㉥ 제10조의2(외국인근로자에 대한 적용)
> ① 「외국인근로자의 고용 등에 관한 법률」의 적용을 받는 외국인근로자에게는 이 법을 적용한다. 다만, 제4장 및 제5장은 고용노동부령으로 정하는 바에 따른 신청이 있는 경우에만 적용한다.
> ② 제1항에 해당하는 외국인근로자를 제외한 외국인근로자에게는 대통령령으로 정하는 바에 따라 이 법의 전부 또는 일부를 적용한다.

○ **Answer** ○
46.④　47.④

48 다음 중 고용보험법령에 따른 고용보험위원회의 전문위원으로 임명 또는 위촉될 수 있는 사람의 조건으로 옳은 것을 모두 고르면?

> ㉠ 고용보험 등 사회보험에 관한 학식과 경험이 있고, 전국 규모의 노동단체나 전국 규모의 사용자단체에서 추천하는 사람
> ㉡ 고용보험 등 사회보험에 전공 관련 졸업자
> ㉢ 고용보험 관련 중앙행정기관의 3급 또는 4급 공무원

① ㉠㉡
② ㉠㉢
③ ㉡㉢
④ ㉠㉡㉢

> **NOTE** 전문위원회의 위원〈고용보험법 시행령 제1조의7 제3항〉
> ㉠ 고용보험 등 사회보험에 관한 학식과 경험이 있고, 전국 규모의 노동단체나 전국 규모의 사용자단체에서 추천하는 사람
> ㉡ 고용보험 등 사회보험에 관한 학식과 경험이 풍부한 사람
> ㉢ 고용보험 관련 중앙행정기관의 3급 또는 4급 공무원

49 고용보험법에 따른 보수에서 제외되는 금품이 아닌 것은?

① 복무 중인 병(兵)이 받는 급여
② 산업재해보상보험법에 따라 수급자가 받는 요양급여
③ 법률에 따라 동원된 사람이 그 동원 직장에서 받는 급여
④ 휴직이나 그 밖에 이와 비슷한 상태에 있는 기간 중에 사업주 외의 자로부터 지급받는 금품

> **NOTE** "보수"란 소득세법에 따른 근로소득에서 대통령령으로 정하는 금품을 뺀 금액을 말한다. 다만, 휴직이나 그 밖에 이와 비슷한 상태에 있는 기간 중에 사업주 외의 자로부터 지급받는 금품 중 고용노동부장관이 정하여 고시하는 금품은 보수로 본다〈고용보험법 제2조 제5호〉.

○ **Answer** ○

48.② 49.④

50 다음 중 고용보험법이 적용되지 않는 사업장을 모두 고르면?

ⓘ 농업 중 법인이 아닌 자가 상시 5명 이하의 근로자를 사용하는 사업
ⓒ 연면적이 100제곱미터 이하인 건축물의 건축 또는 연면적이 200제곱미터 이하인 건축물의 대수선에 관한 공사
ⓒ 가사서비스업
ⓔ 고용산재보험료징수법시행령에 따른 총공사금액이 2천 5백만원 이하인 공사

---

① ⓘⓒ
② ⓒⓒ
③ ⓘⓔ
④ ⓒⓔ

> **NOTE** 고용보험법 적용 제외 사업장〈고용보험법 시행령 제2조 제1항〉
> ⓘ 농업·임업 및 어업 중 법인이 아닌 자가 상시 4명 이하의 근로자를 사용하는 사업
> ⓒ 다음의 어느 하나에 해당하는 공사
> • 고용산재보험료징수법시행령에 따른 총공사금액이 2천만원 미만인 공사
> • 연면적이 100제곱미터 이하인 건축물의 건축
> • 연면적이 200제곱미터 이하인 건축물의 대수선에 관한 공사
> ⓒ 가구 내 고용활동
> ⓔ 달리 분류되지 아니한 자가소비 생산활동

51 다음 중 고용보험위원회와 전문위원회에 관한 설명으로 옳지 않은 것은?

① 위원회는 기금운용 계획의 수립 및 기금의 운용 결과에 관한 사항도 심의한다.
② 위원회는 심의 사항을 사전에 검토·조정하기 위하여 위원회에 전문위원회를 둘 수 있다.
③ 고용노동부장관은 위원을 임명하거나 위촉하며, 위원회의 위원장이 된다.
④ 고용산재보험료징수법의 주요 사항을 심의하기 위하여 고용노동부에 고용보험위원회를 둔다.

> **NOTE** ③ 위원회의 위원장은 고용노동부차관이 되고, 위원은 고용노동부장관이 임명하거나 위촉하는 사람이 된다〈고용보험법 제7조 제4항〉.

---

52 다음 중 고용보험법에 대한 설명으로 옳지 않은 것은?

① 고용보험법에 따른 보험관계의 성립 및 소멸에 대하여는 고용보험법시행령에 따른다.

② 고용보험법은 근로자를 사용하는 모든 사업 또는 사업장에 적용한다

③ 고용보험은 고용노동부장관이 관장한다.

④ 고용노동부장관은 보험사업에 관하여 국제기구 기관과의 교류·협력 사업을 할 수 있다.

> **NOTE** ① 고용보험법에 따른 보험관계의 성립 및 소멸에 대하여는 고용산재보험료징수법으로 정하는 바에 따른다〈고용보험법 제9조〉.

53 다음 중 보험사업에 대하여 상시적이고 체계적인 평가를 할 수 있는 사람은?

① 보건복지부장관

② 고용노동부장관

③ 정부를 대표하는 사람

④ 고용보험위원회 위원장

> **NOTE** 고용노동부장관은 보험사업에 대하여 상시적이고 체계적인 평가를 하여야 한다〈고용보험법 제11조의2 제1항〉.

1 피보험자의 상실일에 관한 내용으로 옳은 것은?

① 피보험자가 적용 제외 근로자에 해당하게 된 경우에는 그 적용 제외 대상자가 된 다음 날
② 보험관계가 소멸한 경우에는 그 보험관계가 소멸한 날
③ 피보험자가 이직한 경우에는 이직한 날
④ 피보험자가 사망한 경우에는 사망한 날

> **NOTE** 피보험자격의 상실일〈고용보험법 제14조 제1항〉
> ㉠ 피보험자가 적용 제외 근로자에 해당하게 된 경우에는 그 적용 제외 대상자가 된 날
> ㉡ 피보험자가 이직한 경우에는 이직한 날의 다음 날
> ㉢ 피보험자가 사망한 경우에는 사망한 날의 다음 날
> ㉣ 고용산재보험료징수법 제 10조에 따라 보험 관계가 소멸할 경우에는 그 보험관계가 소멸한 날

2 피보험자격에 관한 신고에 대한 설명으로 옳지 않은 것은?

① 사업주는 그 사업에 고용된 근로자의 피보험자격의 취득 및 상실 등에 관한 사항을 대통령령으로 정하는 바에 따라 고용노동부장관에게 신고하여야 한다.
② 고용노동부장관은 규정에 따라 신고된 피보험자격의 취득 및 상실 등에 관한 사항을 대통령령으로 정하는 바에 따라 피보험자 및 원수급인 등 관계인에게 알려야 한다.
③ 사업주, 원수급인 또는 하수급인은 같은 항의 신고를 고용노동부령으로 정하는 전자적 방법으로 할 수 있다.
④ 고용노동부장관은 전자적 방법으로 신고를 하려는 사업주, 원수급인 또는 하수급인에게 고용노동부령으로 정하는 바에 따라 필요한 장비 등을 지원할 수 있다.

> **NOTE** ② 고용노동부장관은 규정에 따라 신고된 피보험자격의 취득 및 상실 등에 관한 사항을 고용노동부령으로 정하는 바에 따라 피보험자 및 원수급인 등 관계인에게 알려야 한다〈고용보험법 제15조 제4항〉.

──○ **Answer** ○──
1.② 2.②

3 피보험자의 전근 신고는 며칠 이내에 해야 하는가?

① 14일

② 15일

③ 16일

④ 20일

> **NOTE** 사업주는 피보험자를 자신의 하나의 사업에서 다른 사업으로 전보시켰을 때에는 전보일부터 14일 이내에 고용노동부장관에게 신고하여야 한다〈고용보험법 시행령 제9조〉.

4 피보험자의 이름 등의 변경 신고에 관한 설명으로 옳은 것은?

① 사업주는 피보험자의 이름이나 주민등록번호가 변경·정정되었을 때 변경일이나 정정일부터 14일 이내에 고용노동부장관에게 신고하여야 한다.

② 피보험자는 피보험자의 이름이나 주민등록번호가 변경·정정되었을 때 변경일이나 정정일로부터 14일 이내에 고용노동부장관에게 신고하여야 한다.

③ 사업주는 피보험자의 이름이나 주민등록번호가 변경·정정되었을 때 변경일이나 정정일부터 15일 이내에 고용노동부장관에게 신고하여야 한다.

④ 사업주는 피보험자의 이름이나 주민등록번호가 변경·정정되었을 때 변경일이나 정정일부터 20일 이내에 고용노동부장관에게 신고하여야 한다.

> **NOTE** ① 사업주는 피보험자의 이름이나 주민등록번호가 변경되거나 정정되었을 때에는 변경일이나 정정일부터 14일 이내에 고용노동부장관에게 신고하여야 한다〈고용보험법 시행령 제10조 제1항〉.

──── ○ **Answer** ○ ────

3.① 4.①

5 피보험자격의 확인에 대한 설명으로 옳지 않은 것은?

① 피보험자 또는 피보험자였던 사람은 언제든지 고용노동부장관에게 피보험자격의 취득 또는 상실에 관한 확인을 청구할 수 있다.

② 고용노동부장관은 청구에 따르거나 직권으로 피보험자격의 취득 또는 상실에 관하여 확인을 한다.

③ 고용노동부장관은 확인 결과를 대통령령으로 정하는 바에 따라 그 확인을 청구한 피보험자 및 사업주 등 관계인에게 알리지 않아야 한다.

④ 피보험자격의 취득이나 상실에 관한 확인 청구는 고용보험 피보험자격 확인청구서에 따른다.

> **NOTE** ③ 고용노동부장관은 확인 결과를 대통령령으로 정하는 바에 따라 그 확인을 청구한 피보험자 및 사업주 등 관계인에게 알려야 한다〈고용보험법 제17조 제3항〉.

6 고용노동부장관이 피보험자격의 취득 또는 상실에 대해 알려주어야 하는 대상으로 옳은 것을 모두 고른 것은?

㉠ 해당 청구인 ㉡ 사업주
㉢ 하수급인 ㉣ 고용노동부차관

① ㉠㉡㉢

② ㉠㉢

③ ㉡㉣

④ ㉠㉣

> **NOTE** 고용노동부장관은 피보험자격의 취득 또는 상실에 관하여 확인한 결과를 해당 청구인과 그 청구인을 고용하거나 고용하였던 사업주 또는 하수급인에게 알려야 한다〈고용보험법 시행령 제11조 제2항〉.

○ **Answer** ○

5.③ 6.①

7 피보험자의 전근 신고로 옳은 것은?

① 전보일부터 7일 이내에 고용노동부장관에게 신고하여야 한다.

② 전보일부터 14일 이내에 고용노동부장관에게 신고하여야 한다.

③ 전보일부터 7일 이내에 관할 직업안정기관의 장에게 신고하여야 한다.

④ 전보일부터 14일 이내에 관할 직업안정기관의 장에게 신고하여야 한다.

> **NOTE** 사업주는 피보험자를 자신의 하나의 사업에서 다른 사업으로 전보시켰을 때에는 전보일부터 14일 이내에 고용노동부장관에게 신고하여야 한다〈고용보험법 시행령 제9조〉.

8 피보험자격의 취득 또는 상실 신고에 관한 내용 중 틀린 것은?

① 사업주나 하수급인은 고용노동부장관에게 피보험 단위기간, 이직 사유 및 이직 전에 지급한 임금 · 퇴직금 등의 명세를 증명하는 서류를 그 사유가 발생한 날이 속하는 달의 다음 달 30일까지 신고하여야 한다.

② 사업의 개시 또는 종료 신고를 한 사업주는 신고기간 내에 고용노동부장관에게 피보험자격의 취득 또는 상실 신고를 하여야 한다.

③ 이직확인서를 받은 고용노동부장관은 피보험 단위기간, 이직 사유 및 임금지급명세 등을 확인하여야 한다.

④ 고용노동부장관은 이직확인서에 적힌 내용을 확인하여 30일 이상 임금을 받지 못한 사실이 있는 경우에는 그 이직자에게 의사의 진단서나 그 밖에 그 사유를 증명할 수 있는 서류를 제출하도록 요구할 수 있다.

> **NOTE** 사업주나 하수급인(下受給人)은 법 제15조에 따라 고용노동부장관에게 그 사업에 고용된 근로자의 피보험자격 취득 및 상실에 관한 사항을 신고하려는 경우에는 그 사유가 발생한 날이 속하는 달의 다음 달 15일까지(근로자가 그 기일 이전에 신고할 것을 요구하는 경우에는 지체 없이) 신고해야 한다. 이 경우 사업주나 하수급인이 해당하는 달에 고용한 일용근로자의 근로일수, 임금 등이 적힌 근로내용 확인신고서를 그 사유가 발생한 날의 다음 달 15일까지 고용노동부장관에게 제출한 경우에는 피보험자격의 취득 및 상실을 신고한 것으로 본다〈고용보험법 시행령 제7조 제1항〉.

○ **Answer** ○

7.② 8.①

9 피보험자격의 상실일에 관한 내용 중 틀린 것은?

① 피보험자가 사망한 경우에는 사망한 날의 다음 날
② 피보험자가 이직한 경우에는 이직한 날의 다음 날
③ 보험관계가 소멸한 경우에는 그 보험관계가 소멸한 날
④ 피보험자가 적용 제외 근로자에 해당하게 된 경우에는 그 적용 제외 대상자가 된 날의 다음 날

> **NOTE** 피보험자가 적용 제외 근로자에 해당하게 된 경우에는 그 적용 제외 대상자가 된 날에 피보험자격은 상실한다〈고용보험법 제14조 제1항〉.

10 피보험자격의 신고에 관한 내용 중 옳지 않은 것은?

① 피보험자격에 관한 사항은 반드시 사업주가 신고하여야 한다.
② 고용노동부장관은 신고된 피보험자격의 취득 및 상실 등에 관한 사항을 고용노동부령으로 정하는 바에 따라 피보험자 및 원수급인 등 관계인에게 알려야 한다.
③ 사업주, 원수급인 또는 하수급인은 피보험자격 취득 신고를 고용노동부령으로 정하는 전자적 방법으로 할 수 있다.
④ 고용노동부장관은 전자적 방법으로 피보험자격 취득 신고를 하려는 사업주, 원수급인 또는 하수급인에게 고용노동부령으로 정하는 바에 따라 필요한 장비 등을 지원할 수 있다.

> **NOTE** 사업주가 피보험자격에 관한 사항을 신고하지 아니하면 대통령령으로 정하는 바에 따라 근로자가 신고할 수 있다〈고용보험법 제15조 제3항〉.

○ **Answer** ○

9.④ 10.①

11 고용노동부장관이 피보험자격의 취득 또는 상실에 관하여 알려 주지 않아도 되는 사람은?

① 청구인
② 사업주
③ 하수급인
④ 관할 직업안정기관의 장

> **NOTE** 고용노동부장관은 피보험자격의 취득 또는 상실에 관하여 확인한 결과를 해당 청구인과 그 청구인을 고용하거나 고용하였던 사업주 또는 하수급인에게 알려야 한다〈고용보험법 시행령 제11조 제2항〉.

12 피보험자의 확인 및 청구에 관한 내용 중 틀린 것은?

① 피보험자는 고용노동부장관에게 피보험자격을 취득한 때에 한하여 확인을 청구할 수 있다.
② 고용노동부장관은 청구에 따르거나 직권으로 피보험자격의 취득 또는 상실에 관하여 확인을 한다.
③ 피보험자격의 취득이나 상실에 관한 확인 청구는 고용보험 피보험자격 확인청구서에 따른다.
④ 고용노동무장관은 대통령령이 정하는 바에 따라 그 확인을 청구한 피보험자 및 사업주 등 관계인에게 알려야 한다.

> **NOTE** 피보험자 또는 피보험자였던 사람은 언제든지 고용노동부장관에게 피보험자격의 취득 또는 상실에 관한 확인을 청구할 수 있다〈고용보험법 제17조 제1항〉.

◦ **Answer** ◦
11.④ 12.①

13 다음 중 피보험자격의 이중 취득을 제한하고 있는 법령은?

① 대통령령
② 총리령
③ 고용노동부령
④ 시·도지사령

> **NOTE** 근로자가 보험관계가 성립되어 있는 둘 이상의 사업에 동시에 고용되어 있는 경우에는 고용노동부령으로 정하는 바에 따라 그중 한 사업의 근로자로서의 피보험자격을 취득한다〈고용보험법 제18조〉.

14 피보험자격의 취득과 상실에 관한 설명으로 옳지 않은 것은?

① 피보험자격의 취득은 고용된 날에 취득한다.
② 고용산재보험료징수법 규정에 의한 보험관계 성립일 전에 고용된 근로자의 경우에는 그 보험관계가 성립한 날에 취득한다.
③ 피보험자가 이직한 경우에는 이직한 날 피보험자격이 상실된다.
④ 보험관계가 소멸한 경우에는 보험관계가 소멸한 날 피보험자격이 상실된다.

> **NOTE** ③ 피보험자가 이직한 경우에는 이직한 날의 다음 날 피보험자격이 상실된다〈고용보험법 제14조 제1항〉.

○ **Answer** ○
13.③ 14.③

15 피보험자의 관리에 대한 내용으로 옳지 않은 것은?

① 근로자가 피보험자격의 취득 및 상실 등에 관한 사항을 신고할 때에는 근로계약서 등 고용관계를 증명할 수 있는 서류를 제출하여야 한다.

② 사업주는 피보험자의 이름이나 주민등록번호가 변경되거나 정정되었을 때에는 변경일이나 정정일 부터 14일 이내에 고용노동부장관에게 신고하여야 한다.

③ 사업주는 피보험자를 자신의 하나의 사업에서 다른 사업으로 전보시켰을 때에는 전보일부터 14일 이내에 고용노동부장관에게 신고하여야 한다.

④ 피보험자격의 취득 또는 상실에 관하여 확인한 결과를 청구인의 요청이 있을 시 해당 청구인과 그 청구인을 고용하거나 고용하였던 사업주 또는 하수급인에게 알릴 수 있다.

> **NOTE** 고용노동부장관은 피보험자격의 취득 또는 상실에 관하여 확인한 결과를 해당 청구인과 그 청구인을 고용하거나 고용하였던 사업주 또는 하수급인에게 알려야 한다〈고용보험법 시행령 제11조 제2항〉.

16 다음 중 피보험 자격의 상실일이 아닌 것은?

① 피보험자가 적용 제외 근로자에 해당하게 된 경우에는 그 적용 제외 대상자가 된 날

② 고용산재보험료징수법에 따라 보험관계가 소멸한 경우에는 그 보험관계가 소멸한 날

③ 피보험자가 이직한 경우에는 이직한 날의 다음 날

④ 피보험자가 사망한 경우에는 사망한 날의 다음 날

> **NOTE** 피보험자격의 상실일〈고용보험법 제14조 제1항〉
> ㉠ 피보험자가 적용 제외 근로자에 해당하게 된 경우에는 그 적용 제외 대상자가 된 날
> ㉡ 고용산재보험료징수법에 따라 보험관계가 소멸한 경우에는 그 보험관계가 소멸한 날
> ㉢ 피보험자가 이직한 경우에는 이직한 날의 다음 날
> ㉣ 피보험자가 사망한 경우에는 사망한 날의 다음 날

○ **Answer** ○
15.④ 16.④

17 고용보험법의 피보험자격의 상실일로 옳지 않은 것은?

① 피보험자가 적용 제외 근로자에 해당하게 된 경우에는 그 적용 제외 대상자가 된 날

② 보험관계가 소멸한 경우에는 그 보험관계가 소멸한 다음날

③ 피보험자가 이직한 경우에는 이직한 날의 다음 날

④ 피보험자가 사망한 경우에는 사망한 날의 다음 날

> **NOTE** ② 고용산재보험료징수법에 따라 보험관계가 소멸한 경우에는 그 보험관계가 소멸한 날이 피보험자격의 상실일이다〈고용보험법 제14조 제1항 제2호〉.

18 고용보험법상 고용보험 피보험자격의 취득일, 상실일에 대한 설명으로 옳은 것은?

① 고용보험의 적용제외 근로자였던 사람이 고용보험법의 적용을 받게 된 경우에는 그 적용을 받게 된 다음 날에 피보험자격을 취득한 것으로 본다.

② 피보험자가 고용보험의 적용제외 근로자에 해당하게 된 경우에는 그 적용제외 대상자가 된 날에 피보험자격을 상실한다.

③ 보험관계 성립일 전에 고용된 근로자의 경우에는 고용된 날에 피보험자격을 취득한 것으로 본다.

④ 피보험자가 사망한 경우에는 사망한 날에 피보험자격을 상실한다.

> **NOTE** ① 고용보험 적용제외 근로자였던 사람이 고용보험법의 적용을 받게 된 경우에는 그 적용을 받게 된 날에 피보험자격을 취득한 것으로 본다〈고용보험법 제13조 제1항 제1호〉.
> ③ 보험관계 성립일 전에 고용된 근로자의 경우에는 보험관계 성립일에 피보험자격을 취득한 것으로 본다〈고용보험법 제13조 제1항 제2호〉.
> ④ 피보험자가 사망한 경우에는 사망한 날의 다음 날에 피보험자격을 상실한다〈고용보험법 제14조 제1항 제4호〉.

Answer
17.② 18.②

19 고용보험사업에 대한 설명으로 올바르지 않은 것은?

① 고용노동부장관은 노동시장·직업 및 직업능력개발에 관한 연구와 보험 관련 업무를 지원하기 위한 조사·연구 사업 등을 할 수 있다.
② 고용노동부장관은 필요하다고 인정하면 업무의 일부를 대통령령으로 정하는 사람에게 대행하게 할 수 있으나 보험 사업의 평가는 대행하게 할 수 없다.
③ 고용노동부장관은 보험 사업에 대하여 상시적이고 체계적인 평가를 하여야 한다.
④ 고용노동부장관은 보험 사업에 관하여 국제기구 및 외국 정부 또는 기관과의 교류·협력 사업을 할 수 있다.

> **NOTE** ② 고용노동부장관은 평가의 전문성을 확보하기 위하여 대통령령으로 정하는 기관에 규정 따라 평가를 의뢰할 수 있다〈고용보험법 제11조의2 제2항〉.

20 피보험자의 확인에 대한 설명으로 옳지 않은 것은?

① 피보험자는 언제든지 고용노동부장관에게 피보험 자격의 취득 또는 상실에 관한 확인을 청구할 수 있다.
② 피보험자였던 사람도 언제든지 고용노동부장관에게 피보험자격의 취득 또는 상실에 관한 확인을 청구할 수 있다.
③ 고용노동부장관은 청구에 따르거나 직권으로 피보험자격의 취득 또는 상실에 관하여 확인를 한다.
④ 고용노동부장관은확인 결과를 고용노동부령으로 정하는 바에 따라 그 확인을 청구한 피보험자 및 사업주 등 관계인에게 알려야 한다.

> **NOTE** 피보험자격의 확인〈고용보험법 제17조
> ㉠ 피보험자 또는 피보험자였던 사람은 언제든지 고용노동부장관에게 피보험자격의 취득 또는 상실에 관한 확인을 청구할 수 있다.
> ㉡ 고용노동부장관은 제1항에 따른 청구에 따르거나 직권으로 피보험자격의 취득 또는 상실에 관하여 확인을 한다.
> ㉢ 고용노동부장관은 제2항에 따른 확인 결과를 대통령령으로 정하는 바에 따라 그 확인을 청구한 피보험자 및 사업주 등 관계인에게 알려야 한다.

───○ **Answer** ○───
19.② 20.④

03 고용안정 · 직업능력개발 사업

1 고용창출 지원에 대한 설명으로 옳지 않은 것은?

① 고용노동부장관은 사업주에게 임금의 일부를 지원할 수 있다.
② 근로시간이 감소된 근로자에 대한 임금의 전부를 지원할 수 있다.
③ 필요한 시설의 설치비의 일부도 지원할 수 있다.
④ 지원을 하는 경우에 지원 요건, 지원대상 사업주의 범위, 지원 수준, 지원 기간, 지원금의 신청 · 지급 방법 및 그 밖에 지원에 필요한 사항은 고용노동부장관이 정한다.

> **NOTE** ② 근로시간이 감소된 근로자에 대한 임금의 일부를 지원할 수 있다〈고용보험법 시행령 제17조 제1항〉.

2 건설근로자 등의 고용안정 지원을 위해 추진하는 사업이 아닌 것은?

① 고용상태의 개선을 위한 사업
② 계속적인 고용기회의 부여 등 고용안정을 위한 사업
③ 그 밖에 대통령령으로 정하는 고용안정 사업
④ 고용상태의 축소를 위한 사업

> **NOTE** 고용노동부장관은 건설근로자 등 고용상태가 불안정한 근로자를 위하여 다음 각 호의 사업을 실시하는 사업주에게 대통령령으로 정하는 바에 따라 필요한 지원을 할 수 있다.〈고용보험법 제24조〉
> ㉠ 고용상태의 개선을 위한 사업
> ㉡ 계속적인 고용기회의 부여 등 고용안정을 위한 사업
> ㉢ 그 밖에 대통령령으로 정하는 고용안정 사업

○ Answer ○

1.② 2.④

3 고용안정 및 직업능력개발 사업 실시의 목적으로 옳지 않은 것은?

① 실업의 예방
② 취업의 촉진
③ 고용기회의 축소
④ 직업능력개발의 기회 제공

> **NOTE** ③ 고용기회의 확대〈고용보험법 제19조 제1항〉

4 우선지원 대상기업의 상시 사용하는 근로자 기준으로 옳은 것은?

① 제조업 400명 이하
② 광업 200명 이하
③ 운수 및 창고업 300명 이하
④ 도매 및 소매업 100명 이하

> **NOTE** 제조업 500명 이하
> 광업 300명 이하
> 도매 및 소매업 200명 이하〈고용보험법 시행령 [별표 1]〉

5 다음 중 고용안정사업에 대한 우선지원 대상기업의 범위를 표시한 것으로 옳지 않은 것은?

① 제조업 - 200명 이하
② 광업 - 300명 이하
③ 건설업 - 300명 이하
④ 운수 및 창고업 - 300명 이하

> **NOTE** ① 제조업 - 500명 이하〈고용보험법 시행령 [별표1]〉

Answer
3.③ 4.③ 5.①

6 고용안정 및 직업능력개발 사업을 실시함에 있어서 상시 사용하는 근로자 수가 다른 기업은?

① 광업   ② 제조업
③ 건설업   ④ 통신업

> **NOTE** "대통령령으로 정하는 기준에 해당하는 기업"이란 산업별로 상시 사용하는 근로자수가 [별표 1]의 기준에 해당하는 기업(이하 "우선지원 대상기업"이라 한다)을 말한다〈고용보험법 시행령 제12조 제1항〉.
> ※ [별표 1] 우선지원 대상기업의 상시 사용하는 근로자 기준
>   ㉠ 제조업 : 500명 이하
>   ㉡ 광업 : 300명 이하
>   ㉢ 건설업 : 300명 이하
>   ㉣ 운수 및 창고업 : 300명 이하
>   ㉤ 정보통신업 : 300명 이하
>   ㉥ 사업시설 관리, 사업 지원 및 임대 서비스업 : 300명 이하
>   ㉦ 전문, 과학 및 기술 서비스업 : 300명 이하
>   ㉧ 보건업 및 사회복지 서비스업 : 300명 이하
>   ㉨ 도매 및 소매업 : 200명 이하
>   ㉩ 숙박 및 음식점업 : 200명 이하
>   ㉪ 금융 및 보험업 : 200명 이하
>   ㉫ 예술, 스포츠 및 여가관련 서비스업 : 200명 이하
>   ㉬ 그 밖의 업종 : 100명 이하

7 고용노동부장관이 고용안정 및 직업능력개발 사업의 실시 이유로 볼 수 없는 것은?

① 실업의 예방   ② 취업의 촉진
③ 적정임금의 보장   ④ 고용기회의 확대

> **NOTE** 고용노동부장관은 피보험자 및 피보험자였던 사람, 그 밖에 취업할 의사를 가진 사람(이하 "피보험자등"이라 한다)에 대한 실업의 예방, 취업의 촉진, 고용기회의 확대, 직업능력개발·향상의 기회 제공 및 지원, 그 밖에 고용안정과 사업주에 대한 인력 확보를 지원하기 위하여 고용안정·직업능력개발 사업을 실시한다〈고용보험법 제19조 제1항〉.

      ○ **Answer** ○
         6.②   7.③

8 고용안정 및 직업능력개발 사업을 실시함에 있어서 우선지원 대상기업의 범위에 관한 내용 중 틀린 것은?

① 우선지원 대상기업이 그 규모의 확대 등으로 우선지원 대상기업에 해당하지 아니하게 된 경우 그 사유가 발생한 연도의 다음 연도부터 5년간 우선지원 대상기업으로 본다.

② 상시 사용하는 근로자 수는 그 사업주가 하는 모든 사업에서 전년도 매월 말일 현재의 근로자 수의 합계를 전년도의 조업 개월 수로 나누어 산정한 수로 한다.

③ 보험연도 중에 보험관계가 성립된 사업주에 대해서는 보험관계 성립일 현재를 기준으로 우선지원 대상기업에 해당하는 지를 판단하여야 한다.

④ 독점규제 및 공정거래에 관한 법률에 따라 지정된 상호출자제한기업집단에 속하는 회사는 그 지정된 날이 속하는 보험연도부터 우선지원 대상기업으로 보지 아니한다.

> **NOTE** ④ 독점규제 및 공정거래에 관한 법률에 따라 지정된 상호출자제한기업집단에 속하는 회사는 그 지정된 날이 속하는 보험연도의 다음 보험연도부터 우선지원 대상기업으로 보지 않는다〈고용보험법 시행령 제12조 제4항〉.

9 고용안정을 위하여 사업주를 지원할 때 업종의 선택과 관련된 법률은?

① 고용정책기본법
② 근로기준법
③ 남녀고용평등법
④ 사회보장법

> **NOTE** 고용노동부장관은 사업주에게 지원을 할 때에는 고용정책기본법에 따른 업종에 해당하거나 지역에 있는 사업주에게 우선적으로 지원할 수 있다〈고용보험법 제21조 제3항〉.

Answer
8.④　9.①

10 고용노동부장관이 사업주에게 고용창출을 지원하기 위해서 임금의 일부를 지원할 수 있는 경우가 아닌 것은?

① 정기적인 교육훈련·안식휴가 부여, 교대근로 또는 근로시간단축 등을 통하여 실업자를 고용함으로써 근로자 수가 증가한 경우

② 고용노동부장관이 정하는 시설을 설치·운영하여 고용환경을 개선하고 실업자를 고용하여 근로자 수가 증가한 경우

③ 고용보험위원회에서 심의·의결한 성장유망업종에 해당하는 창업기업이 실업자를 고용하는 경우

④ 직무의 분할을 통해서 실업자에 대한 근로계약기간을 정하고 시간제 근무 형태로 새로 고용한 경우

> **NOTE** 직무의 분할, 근무체제 개편 또는 시간제직무 개발 등을 통하여 실업자를 근로계약기간을 정하지 않고 시간제로 근무하는 형태로 하여 새로 고용하는 경우에는 사업주에게 임금의 일부를 지원할 수 있다〈고용보험법 시행령 제17조 제1항 제3호〉.

11 고용노동부장관이 사업주에게 고용조정을 지원할 수 있는 경우로 볼 수 없는 것은?

① 사업 규모의 축소
② 최저임금의 인상
③ 인력의 재배치
④ 직업능력개발 훈련

> **NOTE** 고용노동부장관은 경기의 변동, 산업구조의 변화 등에 따른 사업 휴직, 규모의 축소, 사업의 폐업 또는 전환으로 고용조정이 불가피하게 된 사업주가 근로자에 대한 휴업, 직업전환에 필요한 직업능력개발훈련, 인력의 재배치 등을 실시하거나 그 밖에 근로자의 고용안정을 위한 조치를 하면 대통령령으로 정하는 바에 따라 그 사업주에게 필요한 지원을 할 수 있다 이 경우 휴업이나 휴직 등 고용안정을 위한 조치로 그로자의 임금(「근로기준법」 제2조제1항 제5호에 따른 임금을 말한다. 이하 같다)이 대통령령으로 정하는 수준으로 감소할 때에는 대통령령으로 정하는 바에 따라 그 근로자에게도 필요한 지원을 할 수 있다.〈고용보험법 제21조 제1항〉.

   ◦ **Answer** ◦
       10.④ 11.②

12 고용유지지원금의 지급 대상과 관련하여 다음 빈칸에 들어갈 내용으로 적절한 것은?

> 고용노동부장관은 법 제21조 제1항에 따라 고용조정이 불가피하게 된 사업주가 그 사업에서 고용한 피보험자에게 다음 각 호의 어느 하나에 해당하는 조를 취하여 그 고용유지조치 기간과 이후 1개월 동안 고용조정으로 피보험자를 이직시키지 아니한 경우에 지원금을 지급한다.
> 1. 근로시간 조정, 교대제 개편 또는 휴업 등을 통하여 역(曆)에 따른 1개월 단위의 전체 피보험자 총근로시간의 (   )을 초과하여 근로시간을 단축하고, 그 단축된 근로시간에 대한 임금을 보전하기 위하여 금품을 지급하는 경우. 이 경우 전체 피보험자 총근로시간 등 근로시간의 산정방법에 관하여 필요한 사항은 고용노동부령으로 정한다.
> 2. 1개월 이상 휴직을 부여하는 경우

① 100분의 50
② 100분의 30
③ 100분의 20
④ 100분의 10

NOTE 근로시간 조정, 교대제 개편 또는 휴업 등을 통하여 역(曆)에 따른 1개월 단위의 전체 피보험자 총근로시간의 100분의 20을 초과하여 근로시간을 단축하고, 그 단축된 근로시간에 대한 임금을 보전하기 위하여 금품을 지급하는 경우. 이 경우 전체 피보험자 총근로시간 등 근로시간의 산정방법에 관하여 필요한 사항은 고용노동부령으로 정한다〈고용보험법 시행령 제19조 제1항 제1호〉.

13 다음 중 고용유지조치를 위한 계획의 수립 및 신고에 대한 설명으로 틀린 것은?

① 고용유지지원금을 받으려는 사업주는 고용노동부령으로 정하는 바에 따라 고용유지조치 계획을 역에 따른 1개월 단위로 수립하여 고용유지조치 실시예정일 전날까지 고용노동부장관에게 신고하여야 한다.

② 신고한 계획 중 고용유지조치 실시예정일, 고용유지조치 대상자, 고용유지조치기간에 지급할 금품 등 고용노동부령으로 정하는 사항을 변경하는 경우에는 변경예정일까지 그 내용을 고용노동부장관에게 신고하여야 한다.

③ 노사협의 절차의 지연 등 고용노동부령으로 정하는 부득이한 사유가 있는 경우에는 고용유지조치 실시일 또는 변경일부터 3일(재난 및 안전관리기본법에 따라 특별재난지역으로 선포된 지역에 소재하는 사업의 사업주가 그 특별재난으로 인하여 고용유지조치를 실시한 경우에는 20일) 이내에 신고할 수 있다.

④ 고용노동부장관은 신고하거나 변경신고한 고용유지조치계획과 다르게 고용유지조치를 이행한 사업주에게는 고용노동부령으로 정하는 바에 따라 해당 사실이 발생한 날이 속한 달에 대한 고용유지지원금의 전부 또는 일부를 지급하지 아니할 수 있다.

> **NOTE** 고용유지지원금을 받으려는 사업주는 고용노동부령으로 정하는 바에 따라 다음 각 호의 요건을 갖춘 고용유지조치계획을 역에 따른 1개월 단위로 수립하여 고용유지조치 실시예정일 전날까지 고용노동부장관에게 신고하여야 하며, 신고한 계획 중 고용유지조치 실시예정일, 고용유지조치 대상자, 고용유지조치기간에 지급할 금품 등 고용노동부령으로 정하는 사항을 변경하는 경우에는 변경예정일 전날까지 그 내용을 고용노동부장관에게 신고하여야 한다〈고용보험법 시행령 제20조 제1항〉.

14 다음 중 저소득 피보험자 등이 직업능력개발 훈련을 받는 경우 고용노동부장관이 대부할 수 있는 것은?

① 고용보험료　　　　　　　　　② 교육비

③ 보육비　　　　　　　　　　　④ 생계비

> **NOTE** 고용노동부장관은 대통령령으로 정하는 저소득 피보험자 등이 직업능력개발 훈련을 받는 경우 대통령령으로 정하는 바에 따라 생계비를 대부할 수 있다〈고용보험법 제29조 제3항〉.

○ **Answer** ○

13.② 　14.④

15 건설근로자 등의 고용안정 지원을 위한 사업에 해당하는 것은?

① 계속적인 고용기회의 부여 등 고용안정을 위한 사업
② 고용관리 진단 등 고용개선 지원 사업
③ 피보험자 등의 창업을 촉진하기 위한 지원 사업
④ 피보험자 등의 고용안정 및 취업을 촉진하기 위한 사업으로 대통령령으로 정하는 사업

> **NOTE** 고용노동부장관은 건설근로자 등 고용상태가 불안정한 근로자를 위하여 다음의 사업을 실시하는
> 사업주에게 대통령령으로 정하는 바에 따라 필요한 지원을 할 수 있다〈고용보험법 제24조 제1항〉.
> ㉠ 고용상태의 개선을 위한 사업
> ㉡ 계속적인 고용기회의 부여 등 고용안정을 위한 사업
> ㉢ 그 밖에 대통령령으로 정하는 고용안정 사업

16 고용노동부장관이 고용정보의 제공 및 고용지원 기반의 구축을 위해서 할 수 있는 사업이 아닌 것은?

① 직업지도
② 전문 인력의 배치
③ 직업능력개발 장비의 구입
④ 직업능력개발에 관한 기반의 구축

> **NOTE** 고용노동부장관은 사업주 및 피보험자 등에 대한 구인·구직·훈련 등 고용정보의 제공, 직업·훈
> 련 상담 등 직업지도, 직업소개, 고용안정·직업능력개발에 관한 기반의 구축 및 그에 필요한 전
> 문 인력의 배치 등의 사업을 할 수 있다〈고용보험법 제33조 제1항〉.

Answer
15.① 16.③

17 직업능력개발의 촉진을 위해서 고용노동부장관이 실시할 수 있는 사업이 아닌 것은?

① 직업능력개발 훈련 시설의 설치에 관한 사업
② 직업능력개발 사업에 대한 기술지원
③ 자격검정 사업
④ 숙련기술 장려 사업

> **NOTE** 직업능력개발의 촉진〈고용보험법 제31조 제1항〉
> 고용노동부장관은 피보험자 등의 직업능력개발·향상을 촉진하기 위하여 다음의 사업을 실시하거나 이를 실시하는 사람에게 그 사업의 실시에 필요한 비용을 지원할 수 있다.
> ㉠ 직업능력개발 사업에 대한 기술지원 및 평가 사업
> ㉡ 자격검정 사업 및 숙련기술 장려법에 따른 숙련기술 장려 사업
> ㉢ 그 밖에 대통령령으로 정하는 사업

18 다음 중 고용노동부장관이 지원할 수 있는 것으로 볼 수 없는 것은?

① 직업능력개발 훈련 시설에 대한 지원
② 건설근로자 등의 직업능력개발 지원
③ 보험자 등에 대한 직업능력개발 지원
④ 지방자치단체 등에 대한 지원

> **NOTE** 고용노동부장관은 피보험자 등이 직업능력개발 훈련을 받거나 그 밖에 직업능력개발·향상을 위하여 노력하는 경우에는 대통령령으로 정하는 바에 따라 필요한 비용을 지원할 수 있다〈고용보험법 제29조 제1항〉.

○ **Answer** ○
17.① 18.③

19 우선지원 대상기업이 그 규모의 확대 등으로 우선지원 대상기업에 해당하지 아니하게 된 경우 얼마 동안 우선지원 대상기업으로 보는가?

① 그 사유가 발생한 연도부터 3년간 우선지원 대상기업으로 본다.
② 그 사유가 발생한 연도의 다음 연도부터 3년간 우선지원 대상기업으로 본다.
③ 그 사유가 발생한 연도부터 5년간 우선지원 대상기업으로 본다.
④ 그 사유가 발생한 연도의 다음 연도부터 5년간 우선지원 대상기업으로 본다.

> **NOTE** 우선지원 대상기업이 그 규모의 확대 등으로 우선지원 대상기업에 해당하지 아니하게 된 경우 그 사유가 발생한 연도의 다음 연도부터 5년간 우선지원 대상기업으로 본다〈고용보험법 시행령 제12조 제3항〉.

20 다음 중 부정행위에 따른 지원금 등의 지급 제한에 대한 설명 중 잘못된 것은?

① 고용노동부장관은 거짓이나 그 밖의 부정한 방법으로 지원금 또는 장려금을 받거나 받으려는 사람에게는 해당 지원금 또는 장려금 중 지급되지 않은 금액 또는 지급받으려는 지원금 또는 장려금을 지급하지 아니한다.
② 고용노동부장관은 거짓이나 그 밖의 부정한 방법으로 이미 지급받은 지원금 또는 장려금에 대해서는 반환을 명하여야 한다.
③ 거짓이나 그 밖의 부정한 방법으로 지원금 또는 장려금을 받거나 받으려 한 사람에 대하여 고용노동부장관은 반환명령 또는 지급 제한을 한 날부터 3년의 범위에서 새로 지원하게 되는 지원금 또는 장려금에 대한 지급을 제한한다.
④ 반환 명령을 받은 사람이 정해진 기간까지 납부 의무를 이행하지 아니한 경우에는 그 기간의 종료일부터 그 의무를 이행하는 날까지 법에 따른 지원금 또는 장려금을 지급하지 아니한다.

> **NOTE** ③ 법 제35조 제1항에 따라 거짓이나 그 밖의 부정한 방법으로 제1항에 따른 각 지원금 또는 장려금 중 어느 하나의 지원금 또는 장려금을 받거나 받으려 한 사람에 대하여 고용노동부장관은 제1항에 따른 반환명령 또는 지급 제한을 한 날부터 1년의 범위에서 새로 지원하게 되는 제1항에 따른 각 지원금 또는 장려금 중 어느 하나에 해당하는 지원금 또는 장려금에 대해서는 별표 2(부정행위에 따른 지원금의 지급제한 기간)에 따른 기간 동안 지급을 제한한다. 다만, 그 부정한 방법의 정도, 동기 및 결과 등을 고려하여 그 지급제한 기간의 3분의1까지 감경할 수 있다.〈고용보험법 시행령 제56조 제2항〉

○ **Answer** ○
19.④ 20.③

21 다음 중 고용보험법상 고용노동부장관이 피보험자 등의 고용안정 및 취업을 촉진하기 위하여 실시하는 사업이 아닌 것은?

① 고용관리 진단 등 고용개선 지원 사업

② 피보험자 등의 창업을 촉진하기 위한 지원 사업

③ 피보험자 등의 고용안정 및 취업을 촉진하기 위한 사업

④ 사업주의 근로자에 대한 의식 개선 사업

> **NOTE** 고용안정 및 취업 촉진 비용 지원 또는 대부 대상〈고용보험법 제25조 제1항〉.
> ㉠ 고용관리 진단 등 고용개선 지원 사업
> ㉡ 피보험자등의 창업을 촉진하기 위한 지원 사업
> ㉢ 피보험자 등의 고용안정 및 취업을 촉진하기 위한 사업으로서 대통령령으로 정하는 사업

22 다음 중 고령자 고용연장 지원금을 산정하는 사람은?

① 보건복지부장관
② 기획재정부장관
③ 고용노동부장관
④ 직업안정기관의 장

> **NOTE** 고용노동부장관은 규정에 따른 요건을 갖춘 사업의 사업주에게 고령자 고용연장 지원금을 지급한다 〈고용보험법 제25조 제1항〉.

─○ **Answer** ○─
21.④ 22.③

23 고용노동부장관은 건설근로자 등 고용상태가 불안정한 근로자를 위하여 특정한 사업을 실시하는 사업주에게 필요한 지원을 할 수 있다. 다음 중 해당사업에 대한 설명으로 옳지 않은 것은?

① 고용상태의 개선을 위한 사업이 이에 해당한다.
② 계속적인 고용기회의 부여 등 고용안정을 위한 사업도 지원을 받을 수 있다.
③ 고용노동부령으로 정하는 고용안정 사업이 이에 해당한다.
④ 고용노동부장관은 사업주가 단독으로 고용안정 사업을 실시하기 어려운 경우로서 대통령령으로 정하는 경우에는 사업주 단체에 대하여도 지원을 할 수 있다.

> **NOTE** 건설근로자 등의 고용안정 지원〈고용보험법 제24조 제1항〉
> ㉠ 고용상태의 개선을 위한 사업
> ㉡ 계속적인 고용기회의 부여 등 고용안정을 위한 사업
> ㉢ 그 밖에 대통령령으로 정하는 고용안정 사업

24 지역고용촉진 지원금에 관한 내용 중 잘못된 것은?

① 지역고용촉진 지원금을 받으려는 사업주는 조업을 시작하면 고용노동부장관에게 신고하여야 한다.
② 지역고용촉진 지원금은 폐업신고를 할 때까지 지급받을 수 있다.
③ 지역고용촉진 지원금은 고용된 피보험자의 고용기간이 6개월 미만인 경우에는 지급하지 아니한다.
④ 조업시작일 현재 그 지정지역이나 다른 지정지역에 3개월 이상 거주한 구직자를 그 이전, 신설 또는 증설된 사업에 피보험자로 고용해야만 한다.

> **NOTE** 지역고용촉진 지원금은 조업시작일부터 1년간 지급한다〈고용보험법 시행령 제24조 제4항〉.

◦ **Answer** ◦
23.③ 24.②

25 예외적으로 인정되는 고용촉진장려금의 지원대상에서 해당 사업의 직전 보험연도 말일 기준 피보험자 수가 1명 이상 10명 미만인 경우에 고용촉진장려금의 지원 피보험자 수 한도는? (단, 고용촉진장려금 지급대상자 고용일의 직전 3년간 고용촉진장려금의 지급대상이 되었던 피보험자 수는 없다)

① 3명
② 5명
③ 7명
④ 9명

> **NOTE** 예외적으로 인정되는 고용촉진장려금의 지급 피보험자 한도〈고용보험법 시행령 제26조 제6항〉
> ㉠ 고용촉진장려금 지급규정에 따라 새로 고용한 피보험자 수가 30명 이상인 경우 : 30명
> ㉡ 해당 사업의 직전 보험연도 말일 기준 피보험자 수가 1명 이상 10명 미만인 경우 : 3명
> ㉢ 해당 사업의 직전 보험연도 말일 기준 피보험자가 없는 경우 : 근로자가 새로 고용된 해의 보험관계성립일 현재를 기준으로 한 피보험자수의 100분의 30(피보험자 수가 1명 이상 10명 미만인 경우는 3명으로, 피보험자 수의 100분의 30이 30명을 초과하는 경우는 30명으로 한다)

26 다음 중 임금피크제 지원금의 대상자의 수급조건으로 옳은 것은?

① 해당 사업주에 고용되어 6개월 이상 계속 근무한 사람
② 해당 사업주에 고용되어 10개월 이상 계속 근무한 사람
③ 해당 사업주에 고용되어 16개월 이상 계속 근무한 사람
④ 해당 사업주에 고용되어 18개월 이상 계속 근무한 사람

> **NOTE** 임금피크제 지원금은 해당 사업주에 고용되어 18개월 이상을 계속 근무한 사람으로서 피크임금(임금피크베의 적용으로 임금이 최초로 감액된 날이 연도의 직전 연도 임금을 말한다)과 해당 연도의 임금을 비교하여 지급한다〈고용보험법 시행령 제28조 제2항〉.

───○ **Answer** ○───
25.① 26.④

27 다음 중 고용촉진장려금의 지급 대상 사업주에 해당하는 것은?

① 근로계약기간이 단기간인 경우 등 고용노동부령으로 정하는 경우에 해당하는 사람을 고용한 경우

② 고용노동부장관이 고시하는 바에 따라 노동시장의 통상적인 조건에서는 취업이 특히 곤란한 사람을 대상으로 하는 취업지원프로그램을 이수한 사람을 고용한 경우

③ 우선지원 대상기업이 아닌 기업이 만 29세 이하인 실업자로서 고용노동부장관이 정하는 사람을 고용하는 경우

④ 사업주가 고용촉진장려금 지급대상자를 고용하기 전 3개월부터 고용 후 12개월 까지 고용조정으로 근로자를 이직시키는 경우

> **NOTE** 고용촉진장려금 대상〈고용보험법 시행령 제26조 제1항〉 … 고용노동부장관은 장애인, 여성가장 등 노동시장의 통상적인 조건에서는 취업이 특히 곤란한 사람의 취업촉진을 위하여 직업안정기관이나 그 밖에 고용노동부령으로 정하는 기관(이하 이 조에서 "직업안전기관등"이라 한다)에 구직등록을 한 사람으로서 다음의 어느 하나에 해당하는 실업자를 피보험자로 고용한 사업주에게 고용촉진장려금을 지급한다.
> ㉠ 고용노동부장관이 고시하는 바에 따라 노동시장의 통상적인 조건에서는 취업이 특히 곤란한 사람을 대상으로 하는 취업지원프로그램을 이수한 사람
> ㉡ 장애인 고용촉진 및 직업재활법에 따른 중증장애인으로서 1개월 이상 실업상태에 있는 사람
> ㉢ 가족 부양의 책임이 있는 여성 실업자 중 고용노동부령으로 정하는 사람으로서 국민기초생활보장법 시행령에 따른 취업대상자 또는 한부모가족지원법에 따른 보호대상자에 해당하고 1개월 이상 실업상태에 있는 사람
> ㉣ 섬 지역[제주특별자치 본도 및 방파제 또는 교량 등으로 육지와 연결된 섬은 제외한다]에 거주하여 ㉠의 취업지원프로그램 참여가 어려운 사람으로서 1개월 이상 실업 상태에 있는 사람
> ㉤ ㉠부터 ㉣까지의 규정에 다른 요건을 갖추지 못한 실업자 중에서 실업의 급증 등 고용사정이 악화되어 취업촉진을 위한 조치가 필요하다고 고용노동부장관이 인정하는 사람

28 직업능력개발 훈련의 지원금은 그 훈련비에 사업규모 등을 고려하여 고용노동부장관이 고시하는 비율을 곱하여 산정한 금액으로 한다. 다음 중 고시한 내용보다 지원수준을 높게 정할 수 있는 사람에 해당하지 않는 경우는?

① 기간제근로자

② 여성근로자

③ 단시간근로자

④ 파견근로자

> **NOTE** 사업주에 대한 직업능력개발 훈련의 지원〈고용보험법 제27조〉
> ㉠ 고용노동부장관은 피보험자등의 직업능력을 개발·향상시키기 위하여 대통령령으로 정하는 직업능력개발 훈련을 실시하는 사업주에게 대통령령으로 정하는 바에 따라 그 훈련에 필요한 비용을 지원할 수 있다.
> ㉡ 고용노동부장관은 사업주가 다음의 어느 하나에 해당하는 사람에게 ㉠에 따라 직업능력개발 훈련을 실시하는 경우에는 대통령령으로 정하는 바에 따라 우대 지원할 수 있다.
> • 「기간제 및 단시간근로자 보호 등에 관한 법률」 제2조 제1호의 기간제근로자
> • 「근로기준법」 제2조 제1항 제9호의 단시간근로자
> • 「파견근로자 보호 등에 관한 법률」 제2조 제5호의 파견근로자
> • 일용근로자
> • 「고용상 연령차별금지 및 고령자고용촉진에 관한 법률」 제2조 제1호 또는 제2호의 고령자 또는 준고령자
> • 그 밖에 대통령령으로 정하는 사람〈고용보험법 시행령 제41조 제3항〉
> -생산직 또는 생산 관련 직에 종사하는 근로자로서 고용노동부장관이 기능·기술을 장려하기 위하여 필요하다고 인정하여 고시하는 사람
> -법 제20조에 따른 고용창출을 위하여 사업주가 근로자를 조(組)별로 나누어 교대로 근로하게 하는 교대제를 새로 실시하거나 조를 늘려 교대제를 실시(4조 이하로 실시하는 경우로 한정한다)한 이후 교대제의 적용을 새로 받게 되는 근로자로서 고용노동부장관이 정하여 고시하는 사람
> -고용노동부장관이 정한 직업능력개발 훈련 및 평가를 받는 것을 조건으로 고용한 근로자.

Answer

28.②

29 다음 ㉠~㉣에 들어갈 내용을 순서대로 바르게 나열한 것은?

---

3. 고용노동부장관은 피보험자인 근로자에게 출산전후휴가, 「근로기준법」 제74조 제3항에 따른 유산·사산 휴가 또는 육아휴직 등을 ㉠일 이상 부여하거나 허용하고 대체인력을 고용한 경우로서 다음 각 목의 요건을 모두 갖춘 사업주에게 출산육아기 고용안정장려금을 지급한다.
   가. 출산전후휴가, 유산·사산 휴가 또는 육아휴직 등의 시작일 전 ㉡일이 되는 날 이후 새로 대체인력을 고용하여 ㉢일 이상 계속 고용할 것
   나. 출산전후휴가, 유산·사산 휴가 또는 육아휴직 등이 끝난 후 출산전후휴가, 유산·사산 휴가 또는 육아휴직 등을 사용한 근로자를 ㉣일 이상 계속 고용할 것
   다. 새로 대체인력을 고용하기 전 3개월부터 고용 후 1년까지 고용조정으로 다른 근로자를 이 직시키지 아니할 것

---

① 30, 30, 30, 30
② 30, 60, 30, 30
③ 30, 60, 60, 30
④ 30, 60, 60, 60

> **NOTE** 고용노동부장관은 법 제23조에 따라 다음 각 호의 어느 하나에 해당하는 사업주에게 출산육아기 고용안정장려금을 지급한다. 다만, 임금 등을 체불하여 「근로기준법」 제43조의2에 따라 명단이 공개 중인 사업주에 대해서는 지급하지 아니한다〈고용보험법 시행령 제29조 제1항〉.
> ㉠ 피보험자인 근로자에게 「남녀고용평등과 일·가정 양립 지원에 관한 법률」 제19조에 따른 육아휴직 또는 같은 법 제19조의2에 따른 육아기 근로시간 단축(이하 "육아휴직 등"이라 한다)을 30일 이상 허용한 사업주
> ㉡ 피보험자인 근로자에게 출산전후휴가, 「근로기준법」 제74조 제3항에 따른 유산·사산 휴가 또는 는 육아휴직 등을 30일 이상 부여하거나 허용하고 대체인력을 고용한 경우로서 다음 각 목의 요건을 모두 갖춘 사업주
> • 출산전후휴가, 유산·사산 휴가 또는 육아휴직 등의 시작일 전 60일이 되는 날(출산전후휴가에 연이어 유산·사산 휴가 또는 육아휴직 등을 시작하는 경우에는 출산전후휴가 시작일 전 60일 이 되는 날) 이후 새로 대체인력을 고용하여 30일 이상 계속 고용한 경우
> • 새로 대체인력을 고용하기 전 3개월부터 고용 후 1년까지(해당 대체인력의 고용기간이 1년 미만인 경우에는 그 고용관계 종료 시까지를 말한다) 고용조정으로 다른 근로자(새로 고용한 대체인력보다 나중에 고용된 근로자는 제외한다)를 이직시키지 아니할 것

30 피보험자 등의 고용안정 및 취업을 촉진하기 위한 사업으로 대통령령으로 정한 사업에 해당하지 않는 것은?

① 피보험자 등의 고용안정과 취업의 촉진에 관한 교육사업·홍보사업
② 피보험자 등의 취업 촉진을 위한 직업소개, 직업진로지도, 채용지원, 장기근속지원 및 전직지원서비스사업 등 취업지원사업
③ 고령자·여성·장애인인 피보험자 등의 고용환경개선사업
④ 제조업 근로자의 고용안정 등에 대한 지원 사업

> **NOTE** 건설근로자의 고용안정 등에 대한 지원사업이 해당된다〈고용보험법 시행령 제35조 제4호〉.

31 고용촉진 시설의 지원에 관한 내용 중 잘못된 것은?

① 고용노동부장관은 어린이집을 단독이나 공동으로 설치하려는 사업주에게 설치비용의 전부를 지원하여야 한다.
② 고용노동부장관은 고용촉진 시설을 설치·운영하는 사람에게 해당 시설의 설치·운영에 필요한 비용의 일부를 지원할 수 있다.
③ 고용촉진 시설의 지원에 필요한 사항은 고용노동부장관이 정한다.
④ 고용노동부장관은 사업주가 단독이나 공동으로 설치·운영하는 어린이집의 운영비용 중 일부를 고용노동부령으로 정하는 바에 따라 지원할 수 있다.

> **NOTE** 고용노동부장관은 어린이집을 단독이나 공동으로 설치하려는 사업주나 사업주단체에 대하여 고용노동부장관이 정하는 바에 따라 그 설치비용을 융자하거나 일부 지원할 수 있다. 이 경우 우선지원 대상기업의 사업주와 장애아동 또는 영아를 위한 어린이집을 설치하려는 사업주나 사업주단체에 대하여는 융자나 지원의 수준을 높게 정할 수 있다〈고용보험법 시행령 제38조 제5항〉.

○ **Answer** ○
30.④ 31.①

32 피보험자등의 직업능력을 개발·향상 등을 위해 대통령령으로 정하는 직업능력개발 훈련으로 볼 수 없는 것은?

① 피보험자를 대상으로 실시하는 직업능력개발 훈련

② 피보험자가 아닌 사람으로서 해당 사업주에게 고용된 사람을 대상으로 실시하는 직업능력 개발 훈련

③ 우선지원 대상기업의 사업주나 상시 사용하는 근로자 수가 150명 미만인 사업주가 해당 근로자를 대상으로 계속하여 3일 이상의 유급휴가를 주어 10시간 이상 실시한 훈련

④ 직업안정기관에 구직등록한 사람을 대상으로 실시하는 직업능력개발 훈련

> **NOTE** ③ 5일 이상의 유급휴가를 주어 20시간 이상 실시한 훈련이어야 한다.
>
> ※ 대통령령으로 정하는 직업능력개발 훈련〈고용보험법 시행령 제41조 제1항〉
> ㉠ 피보험자를 대상으로 실시하는 직업능력개발 훈련
> ㉡ 피보험자가 아닌 사람으로서 해당 사업주에게 고용된 사람을 대상으로 실시하는 직업능력개발 훈련
> ㉢ 해당 사업이나 그 사업과 관련되는 사업에서 고용하려는 사람을 대상으로 실시하는 직업능력개발 훈련
> ㉣ 직업안정기관에 구직등록한 사람을 대상으로 실시하는 직업능력개발 훈련
> ㉤ 해당 사업에 고용된 피보험자(자영업자인 피보험자는 제외한다)에게 유급휴가(「근로기준법」제60조의 연차 유급휴가가 아닌 경우로서 휴가기간 중 「근로기준법 시행령」제6조에 따른 통상임금에 해당하는 금액 이상의 임금을 지급한 경우를 말한다)를 주어 실시하는 직업능력개발 훈련으로 다음 각 목의 어느 하나에 해당하는 훈련
> 　가. 우선지원 대상기업의 사업주나 상시 사용하는 근로자 수가 150명 미만인 사업주(이하 이 호에서 "우선지원 대상기업 사업주 등"이라 한다)가 해당 근로자를 대상으로 계속하여 5일 이상의 유급휴가를 주어 20시간 이상의 훈련을 실시할 것
> 　나. 우선지원대상기업사업주등이 해당 근로자를 대상으로 계속하여 30일 이상의 유급휴가를 주어 120시간 이상 실시하면서 대체인력을 고용하는 훈련
> 　다. 우선지원대상기업사업주등으로서 고용유지지원금의 지급 대상에 해당하는 사업주 또는 고용정책 기본법 시행령에 따라 고용노동부장관이 지정·고시하는 업종이나 지역에 해당하는 사업장의 사업주가 2020년 12월 31일까지 해당근로자를 대상으로 1개월 이내의 기간 동안에 총 3일 이상의 유급휴가를 주어 18시간 이상 실시하는 훈련
> 　라. 가목에 해당하지 아니하는 사업주가 1년 이상 재직하고 있는 근로자를 대상으로 계속하여 60일 이상의 유급휴가를 주어 180시간 이상의 훈련을 실시하는 훈련
> 　마. 우선지원대상기업사업주등이 아닌 사업주로서 고용유지지원금의 지급 대상에 해당하는 사업주 또는 고용정책 기본법 시행령에 따라 고용노동부장관이 지정·고시하는 업종이나 지역에 해당하는 사업장의 사업주가 2020년 12월 31일까지 해당 근로자를 대상으로 계속하여 30일 이상의 유급휴가를 주어 120시간 이상 실시하는 훈련
> 　바. 사업주가 기능·기술을 장려하기 위하여 근로자 중 생산직 또는 관련 직에 종사하는 근로자로서 고용노동부장관이 고시하는 사람을 대상으로 유급휴가를 주어 20시간 이상 실시하는 것

○ **Answer** ○
32.③

33 근로자의 기술향상을 위하여 실시하는 자격검정 사업이 갖추어야 할 요건이 아닌 것은?

① 사업주가 단독이나 공동으로 해당 사업 및 해당 사업과 관련된 사업의 근로자를 대상으로 실시하는 자격검정일 것
② 자격 종목이 해당 사업에 필요한 지식 및 기능과 직접 관련될 것
③ 해당 자격을 취득한 근로자에게는 승진·승급·보수 등에서 우대할 수 있는 규정을 제정하여 시행하고 있을 것
④ 영리를 목적으로 하는 자격검정일 것

> **NOTE** 자격검정 사업이 갖추어야 할 요건〈고용보험법 시행령 제51조 제2항〉
> ㉠ 사업주가 단독이나 공동으로 해당 사업 및 해당 사업과 관련된 사업의 근로자를 대상으로 실시하는 자격검정일 것
> ㉡ 자격 종목이 해당 사업에 필요한 지식 및 기능과 직접 관련될 것
> ㉢ 해당 자격을 취득한 근로자에게는 승진·승급·보수 등에서 우대할 수 있는 규정을 제정하여 시행하고 있을 것
> ㉣ 해당 자격을 취득하려고 하는 근로자에게 검정 사업과 관련하여 검정수수료 등 모든 비용을 받지 아니할 것
> ㉤ 자격검정이 영리를 목적으로 하는 것이 아닐 것
> ㉥ 그 밖에 고용노동부령으로 정하는 요건을 갖출 것
> • 해당 자격에 대하여 2회 이상의 검정 실적이 있을 것
> • 사업주가 근로자의 기술향상을 위하여 실시하는 자격검정 사업시행을 위한 규정을 제정하여 실시할 것
> • 위의 사업 내 자격검정사업실시규정에 다음의 사항을 포함할 것
> – 사업 내 자격검정사업의 운영목적 및 자격종목의 직무내용에 관한 사항
> – 자격종목, 검정방법, 합격결정기준 및 검정에 응시할 수 있는 자격에 관한 사항
> – 자격검정의 실시 횟수, 시기 및 장소에 관한 사항
> – 사업 내 자격검정사업의 운영에 필요한 조직에 관한 사항
> – 자격검정을 실시하는 경우 출제, 채점 및 감독에 관한 사항
> – 합격자의 사후관리에 관한 사항
> – 공정한 검정의 실시 확보에 관한 사항
> – 자격 취득자의 우대에 관한 사항
> – 그 밖에 자격검정 실시에 필요한 사항

34 근로자 능력개발비용의 대부에 관한 내용 중에서 틀린 것은?

① 고용노동부장관은 피보험자가 직업능력개발훈련을 수강하는 경우 그 수강료의 전부나 일부를 예산의 범위에서 대부할 수 있다.

② 직업능력개발 훈련 중 외국어 과정에 대하여 수강료를 대부받을 수 있는 사람의 범위는 고용노동부장관이 정한다.

③ 대부금의 이율, 대부기간 등은 고용노동부장관이 지식경제부장관과 협의하여 정한다.

④ 대부 대상자의 선정, 대부절차, 대부횟수, 그 밖에 대부에 필요한 사항은 고용노동부령으로 정한다.

> **NOTE** 대부금의 이율, 대부기간 등 대부조건은 고용노동부장관이 기획재정부장관과 협의하여 정한다〈고용보험법 시행령 제45조 제4항〉.

35 다음 중 고용노동부장관이 고용정보의 제공 및 고용 지원 기반의 구축 등을 위해 사업주 및 피보험자 등에게 행하는 사업으로 옳지 않은 것은?

① 사업주의 고용실태 점검

② 고용안정·직업능력개발에 관한 기반의 구축 및 그에 필요한 전문 인력의 배치

③ 직업·훈련 상담 등의 직업지도 및 직업소개

④ 구인·구직·훈련 등 고용정보의 제공

> **NOTE** 고용노동부장관은 사업주 및 피보험자 등에 대한 구인·구직·훈련 등 고용정보의 제공, 직업·훈련 상담 등 직업지도, 직업소개, 고용안정·직업능력개발에 관한 기반의 구축 및 그에 필요한 전문 인력의 배치 등의 사업을 할 수 있다〈고용보험법 제33조 제1항〉.

○ **Answer** ○

34.③ 35.①

36 다음 빈칸에 들어갈 내용으로 옳은 것은?

> 고용노동부장관은 법 제21조 제1항에 따라 고용조정이 불가피하게 된 사업주가 그 사업에서 고용한 피보험자에게 다음 각 호의 어느 하나에 해당하는 조치를 취하여 그 고용유지조치 기간과 이후 1개월 동안 고용조정으로 피보험자를 이직시키지 아니한 경우에 지원금을 지급한다.
>
> 1. 근로시간 조정, 교대제 개편 또는 휴업 등을 통하여 역(曆)에 따른 1개월 단위의 전체 피보험자 총근로시간의 100분의 20을 초과하여 근로시간을 단축하고, 그 단축된 근로시간에 대한 임금을 보전하기 위하여 금품을 지급하는 경우. 이 경우 전체 피보험자 총근로시간 등 근로시간의 산정방법에 관하여 필요한 사항은 고용노동부령으로 정한다.
> 2. (   ) 이상 휴직을 부여하는 경우

① 7일　　　　　　　　　　　② 10일
③ 1개월　　　　　　　　　　④ 3개월

> **NOTE** ③ 1개월 이상 휴직을 부여하는 경우 고용유지지원금을 지급받을 수 있다〈고용보험법 시행령 제19조 제1항 제3호〉.

37 고용안정 및 직업능력개발 사업의 실시에 관한 설명 중 옳지 않은 것은?

① 고용노동부장관은 피보험자 및 피보험자였던 사람, 그 밖에 취업할 의사를 가진 사람에 대한 고용안정·직업능력개발 사업을 실시한다.
② 고용노동부장관은 고용안정·직업능력개발 사업을 실시할 때에는 근로자의 수, 고용안정·직업능력개발을 위하여 취한 조치 및 실적 등 대통령령으로 정하는 기준에 해당하는 기업을 우선적으로 고려하여야 한다.
③ 고용노동부장관은 고용환경 개선, 근무형태 변경 등으로 고용의 기회를 확대한 사업주에게 고용보험법으로 정하는 바에 따라 필요한 지원을 할 수 있다.
④ 실업의 예방, 취업의 촉진, 고용기회의 확대, 직업능력개발·향상의 기회 제공 및 지원, 그 밖에 고용안정과 사업주에 대한 인력 확보를 지원하기 위하여 사업을 실시한다.

> **NOTE** ③ 고용노동부장관은 고용환경 개선, 근무형태 변경 등으로 고용의 기회를 확대한 사업주에게 대통령령으로 정하는 바에 따라 필요한 지원을 할 수 있다〈고용보험법 제20조〉.

○ **Answer** ○
36.③ 37.③

38 다음 중 고용노동법 시행령에 따른 출산육아기 고용안정장려금에 대한 설명으로 옳지 않은 것은?

① 고용노동부장관은 피보험자인 근로자에게 남녀고용평등과 일 · 가정 양립 지원에 관한 법률에 따른 육아휴직 또는 육아기 근로시간 단축을 60일 이상 허용한 사업주에게 출산육아기 고용안정장려금을 지급한다.

② 육아휴직 등에 따른 출산육아기 고용안정장려금은 사업주의 노무비용부담을 고려하여 고용노동부장관이 매년 사업규모별로 고시하는 금액에 근로자가 사용한 육아휴직등의 개월 수를 곱하여 산정한 금액으로 한다.

③ 대체 인력채용에 따른 출산육아기 고용안정장려금은 대체 인력채용에 따른 사업주의 노무비용부담을 고려하여 고용노동부장관이 사업 규모별로 고시하는 금액에 출산전후휴가, 유산 · 사산 휴가 또는 육아휴직등을 사용한 기간 중 대체인력을 사용한 개월 수를 곱하여 산정한 금액으로 한다.

④ 임금 등을 체불하여 근로기준법에 따라 명단이 공개 중인 사업주에 대해서는 출산육아기 고용안정장려금을 지급하지 아니한다.

> **NOTE** ① 고용노동부장관은 피보험자인 근로자에게 남녀고용평등과 일 · 가정 양립 지원에 관한 법률에 따른 육아휴직 또는 육아기 근로시간 단축을 30일 이상 허용한 사업주에게 출산육아기 고용안정장려금을 지급한다〈고용보험법 시행령 제29조 제1항 제2호〉.
> ② 고용보험법 시행령 제29조 제3항
> ③ 고용보험법 시행령 제29조 제4항
> ④ 고용보험법 시행령 제29조 제1항

─o **Answer** o─
38.①

39 고용노동부장관이 피보험자의 직업능력을 개발·향상하기 위해 비용을 지원할 수 있는 사업이 아닌 것은?

① 직업능력개발 사업에 대한 기술지원 및 평가 사업
② 고용노동부장관이 정하는 사업
③ 직업능력개발사업을 위한 교육·홍보사업
④ 자격검정 사업 및 숙련기술장려법에 따른 숙련기술 장려 사업

> **NOTE** 직업능력개발의 촉진 … 고용노동부장관은 피보험자등의 직업능력 개발·향상을 촉진하기 위하여 다음 각 호의 사업을 실시하거나 이를 실시하는 사람에게 그 사업의 실시에 필요한 비용을 지원할 수 있다〈고용보험법 제31조 제1항〉.
> ㉠ 직업능력개발 사업에 대한 기술지원 및 평가 사업
> ㉡ 자격검정 사업 및 숙련기술장려법에 따른 숙련기술 장려 사업
> ㉢ 그 밖에 대통령령으로 정하는 사업

40 다음 중 수강지원금의 지원 대상으로 옳지 않은 것은?

① 우선지원 대상기업에 고용된 피보험자
② 직업안정기관의 장에게 취업훈련을 신청한 날부터 180일 이내에 이직 예정인 피보험자
③ 경영상의 이유로 90일 이상 무급 휴직 중인 피보험자
④ 대규모기업에 고용된 40세 이상인 피보험자

> **NOTE** 고용노동부장관은 다음의 어느 하나에 해당하는 피보험자등이 「국민 평생 직업능력 개발법」 제2조 제1호에 따른 직업능력개발훈련을 수강한 경우에는 고용노동부령으로 정하는 바에 따라 필요한 비용의 전부나 일부를 지원할 수 있다〈고용보험법 시행령 제43조 제1항〉.
> ㉠ 우선지원 대상기업에 고용된 피보험자등
> ㉡ 법 제27조 제2항 각 호의 어느 하나에 해당하는 피보험자등
> ㉢ 자영업자인 피보험자등
> ㉣ 직업안정기관의 장에게 취업훈련을 신청한 날부터 180일 이내에 이직 예정인 피보험자등
> ㉤ 경영상의 이유로 90일 이상 무급 휴직 중인 피보험자등
> ㉥ 대규모기업에 고용된 45세 이상이거나 고용노동부장관이 정하여 고시하는 소득액 미만인 피보험자등
> ㉦ 법 제27조에 따라 사업주가 실시하는 직업능력개발훈련을 수강하지 못한 기간이 3년 이상인 피보험자등
> ㉧ 「남녀고용평등과 일·가정 양립 지원에 관한 법률」 제19조에 따른 육아휴직 중인 피보험자등

○ **Answer** ○

39.② 40.④

41 다음 (　) 안에 알맞은 내용은?

> 고용노동부장관은 피보험자 및 피보험자였던 사람, 그 밖에 취업할 의사를 가진 사람에 대한 실업의 예방, 취업의 촉진, 고용기회의 확대, 직업능력개발·향상의 기회 제공 및 지원, 그 밖에 고용안정과 사업주에 대한 인력 확보를 지원하기 위하여 (　　　　)·직업능력개발 사업을 실시한다.

① 고용창출
② 지역고용
③ 고용조정
④ 고용안정

> **NOTE** 고용안정·직업능력개발 사업의 실시 … 고용노동부장관은 피보험자 및 피보험자였던 사람, 그 밖에 취업할 의사를 가진 사람(피보험자등)에 대한 실업의 예방, 취업의 촉진, 고용기회의 확대, 직업능력개발·향상의 기회 제공 및 지원, 그 밖에 고용안정과 사업주에 대한 인력 확보를 지원하기 위하여 고용안정·직업능력개발 사업을 실시한다〈고용보험법 제19조 제1항〉.

1 구직급여의 수급자격증을 내주는 사람은 누구인가?

① 사업자

② 직업안정기관의 장

③ 도지사

④ 피보험자

> **NOTE** 직업안정기관의 장은 수급자격 인정신청서를 받은 경우에 그 신청인이 구직급여의 수급자격이 인정되면 최초의 실업인정일에 고용보험 수급자격증(이하 "수급자격증"이라 한다)을 내주어야 한다〈고용보험법 시행령 제62조 제1항〉.

2 고용보험법상 피보험기간이 5년 이상 10년 미만이고, 이직일 현재 연령이 50세 이상인 경우의 구직급여 소정급여일수는?

① 150일

② 180일

③ 210일

④ 240일

> **NOTE** 구직급여의 소정급여일수〈고용보험법 제50조 제1항〉, 〈고용보험법 [별표 1]〉

구분		피보험기간				
		1년 미만	1년 이상 3년 미만	3년 이상 5년 미만	5년 이상 10년 미만	10년 이상
이직일 현재 연령	50세 미만	120일	150일	180일	210일	240일
	50세 이상	120일	180일	210일	240일	270일

———○ **Answer** ○———

1.② 2.④

3 고용보험법상 구직급여의 수급자격이 제한되는 사유가 아닌 것은?

① 피보험자가 자기의 중대한 사유로 해고된 경우

② 피보험자가 전직 또는 자영업을 하기 위하여 자기 사정으로 이직한 경우

③ 소개된 직업의 임금이 현저하게 낮아 취업을 거부한 경우

④ 거짓이나 그 밖의 부정한 방법으로 실업급여를 받았거나 받으려 한 경우

> **NOTE** 수급자격의 제한 사유의 예외〈고용보험법 제60조 제1항〉
> ㉠ 소개된 직업 또는 직업능력개발훈련 등을 받도록 지시된 직종이 수급자격자의 능력에 맞지 아니하는 경우
> ㉡ 취직하거나 직업능력개발훈련 등을 받기 위하여 주거의 이전이 필요하나 그 이전이 곤란한 경우
> ㉢ 소개된 직업의 임금수준이 같은 지역의 같은 종류의 업무 또는 같은 정도의 기능에 대한 통상의 임금수준에 비하여 100분의 20 이상 낮은 경우 등 고용노동부 장관이 정하는 기준에 해당하는 경우

4 고용보험법상 구직급여에 관한 사항으로 틀린 것은?

① 근로자의 중대한 귀책사유로 해고된 경우에는 구직급여의 수급자격이 제한될 수도 있다.

② 구직급여를 지급받기 위해서는 이직한 피보험자가 이직일 이전 18개월간 피보험 단위기간이 통산하여 180일 이상이어야 한다.

③ 수급자격자가 직업안정기관의 장이 소개하는 직업에 취직하는 것을 거부하거나 직업안정기관의 장이 지시한 직업능력개발훈련 등을 거부하는 경우에는 이미 지급한 구직급여를 환수한다.

④ 거짓이나 기타 부정한 방법으로 구직급여를 지급받은 사람에 대하여는 이미 지급한 구직급여의 반환을 명할 수 있으며, 그것이 사업주의 허위의 신고·보고 또는 증명에 의한 것인 때에는 사업주도 연대책임을 진다.

> **NOTE** ③의 경우에는 구직급여를 환수하는 것이 아니라 지급을 정지할 수 있다〈고용보험법 제60조 제1항〉.

○ **Answer** ○
3.③ 4.③

5 고용보험법상 실업급여에 포함되지 않는 것은?

① 생계비
② 구직급여
③ 광역 구직활동비
④ 조기재취업수당

> **NOTE** 실업급여는 구직급여와 취업촉진수당(조기재취업수당, 직업능력개발수당, 광역 구직활동비, 이주비)이 있다〈고용보험법 제37조〉.

6 구직급여의 산정기초가 되는 임금일액의 산정방법으로 틀린 것은?

① 수급자격의 인정과 관련된 마지막 이직 당시 산정된 평균임금을 기초일액으로 한다.
② 마지막 사업에서 이직 당시 일용근로자였던 사람의 경우에는 산정된 금액이 근로기준법에 따른 그 근로자의 통상임금보다 작을 경우에는 그 통상임금액을 기초일액으로 한다.
③ 기초일액을 산정하는 것이 곤란한 경우와 보험료를 고용산재보험료징수법에 따른 기준임금을 기준으로 낸 경우에는 기준임금을 기초일액으로 한다.
④ 산정된 기초일액이 그 수급자격자의 이직 전 1일 소정근로시간에 이직일 당시 적용되던 최저임금법에 따른 시간단위에 해당하는 최저임금액을 곱한 금액보다 낮은 경우에는 최저기초일액을 기초일액으로 한다.

> **NOTE** ② 일용근로자의 경우에는 마지막 이직일 이전 4개월 중 최종 1개월을 제외한 기간으로 한다.
> ※ 급여의 기초가 되는 임금일액
> ㉠ 구직급여의 산정 기초가 되는 임금일액(기초일액)은 수급자격의 인정과 관련된 마지막 이직 당시에 따라 산정된 평균임금으로 한다. 다만, 마지막 이직일 이전 3개월 이내에 피보험자격을 취득한 사실이 2회 이상인 경우에는 마지막 이직일 이전 3개월간(일용근로자의 경우에는 마지막 이직일 이전 4개월 중 최종 1개월을 제외한 기간)에 그 근로자에게 지급된 임금 총액을 그 산정의 기준이 되는 3개월의 총 일수로 나눈 금액을 기초일액으로 한다〈고용보험법 제45조 제1항〉.
> ㉡ 산정된 금액이 그 근로자의 통상임금보다 적을 경우에는 그 통상임금액을 기초일액으로 한다. 다만, 마지막 사업에서 이직 당시 일용근로자였던 사람의 경우에는 그러하지 아니하다〈고용보험법 제45조 제2항〉.

Answer
5.① 6.②

7 다음 ( ) 안에 알맞은 것은?

> 고용보험법상 구직급여를 지급받고자 하는 사람은 이직 후 ( ) 직업안정기관에 출석하여 실업을 신고하여야 한다.

① 1일 이내에
② 3일 이내에
③ 5일 이내에
④ 지체없이

> **NOTE** 고용보험법상 구직급여를 지급받고자 하는 사람은 이직 후 지체없이 직업안정기관에 출석하여 실업을 신고하여야 한다〈고용보험법 제42조 제1항〉.

8 다음 설문은 현행 고용보험법의 한 내용이다. 다음 ( ) 안에 들어가 알맞은 말은?

> 보험자가 이직일 이전 (㉠) 동안에 질병·부상, 그 밖에 대통령령으로 정하는 사유로 계속하여 (㉡) 이상 보수의 지급을 받을 수 없었던 경우에는 (㉠)에 그 사유로 보수를 지급 받을 수 없었던 일수를 가산한 기간(3년을 초과할 때에는 3년으로 한다)으로 한다.

	㉠	㉡
①	6개월	30일
②	6개월	60일
③	18개월	30일
④	18개월	60일

> **NOTE** 구직급여의 수급요건〈고용보험법 제40조 제2항 제1호〉 … 피보험자가 이직일 이전 18개월 동안에 질병·부상, 그 밖에 대통령령으로 정하는 사유로 계속하여 30일 이상 보수의 지급을 받을 수 없었던 경우에는 18개월에 그 사유로 보수를 지급 받을 수 없었던 일수를 가산한 기간(3년을 초과할 때에는 3년)으로 한다.

○ **Answer** ○
7.④ 8.③

9 고용보험법상 실업급여와 관련한 설명이다. 가장 관련이 없는 것은?

① 실업급여를 받을 권리는 양도 또는 압류하거나 담보로 제공할 수 없다.

② 구직급여를 지급받고자 하는 사람은 이직 후 지체 없이 직업안정기관에 출석하여 실업을 신고하여야 한다.

③ 실업의 신고일부터 계산하기 시작하여 7일간은 대기기간으로 보아 구직급여를 지급하지 아니한다.

④ 구직급여의 산정기초가 되는 임금일액은 당해 근로자의 통상임금으로 한다.

> **NOTE** 급여의 기초가 되는 임금일액〈고용보험법 제45조 제1항〉… 구직급여의 산정 기초가 되는 임금일액 (이하 "기초일액"이라 한다)은 제43조 제1항에 따른 수급자격의 인정과 관련된 마지막 이직 당시 근로기준법 제2조 제1항 제6호에 따라 산정된 평균임금으로 한다. 다만, 마지막 이직일 이전 3개 월 이내에 피보험자격을 취득한 사실이 2회 이상인 경우에는 마지막 이직일 이전 3개월간(일용근 로자의 경우에는 마지막 이직일 이전 4개월 중 최종 1개월을 제외한 기간)에 그 근로자에게 지급 된 임금 총액을 그 산정의 기준이 되는 3개월의 총 일수로 나눈 금액을 기초일액으로 한다.

10 다음 중 고용보험법상의 훈련연장급여에 대한 설명으로 옳지 않은 것은?

① 직업안정기관의 장은 재취업을 위하여 직업능력개발훈련 등이 필요하면 그 수급자격자에 게 직업능력개발훈련 등을 받도록 지시하여야 한다.

② 직업안정기관의 장은 직업능력개발훈련 등을 받도록 지시한 경우에는 훈련연장급여를 지급 할 수 있다.

③ 훈련연장급여의 지급기간은 대통령령의 규정에 따라 2년을 한도로 한다.

④ 훈련대상자·훈련과정, 그 밖의 필요한 사항은 고용노동부령으로 정한다.

> **NOTE** 훈련연장급여〈고용보험법 제51조〉
> ⊙ 직업안정기관의 장은 수급자격자의 연령·경력 등을 고려할 때 재취업을 위하여 직업능력개발훈련 등이 필요하면 그 수급자격자에게 직업능력개발훈련 등을 받도록 지시할 수 있다.
> ⓛ 직업안정기관의 장은 제1항에 따라 직업능력개발훈련 등을 받도록 지시한 경우에는 수급자격자가 그 직업능력개발훈련 등을 받는 기간 중 실업의 인정을 받은 날에 대하여는 소정급여일수를 초과 하여 구직급여를 연장하여 지급할 수 있다. 이 경우 연장하여 지급하는 구직급여(이하 "훈련연장 급여"라 한다)의 지급기간은 대통령령으로 정하는 기간(2년)을 한도로 한다.
> ⓒ 제1항에 따른 훈련대상자·훈련 과정, 그 밖의 필요한 사항은 고용노동부령으로 정한다.

○ **Answer** ○

9.④ 10.①

11 고용보험법상 수급자격자가 실업인정 대상기간 중에 근로를 제공한 경우에는 그 사실을 누구에게 신고하여야 하는가?

① 대통령
② 고용노동부장관
③ 노동위원회
④ 직업안정기관의 장

> **NOTE** 실업인정대상기간 중의 근로 등의 신고〈고용보험법 제47조〉
> ㉠ 수급자격자는 실업의 인정을 받으려 하는 기간(이하 "실업인정대상기간"이라 한다) 중에 고용노동부령으로 정하는 기준에 해당한 취업을 한 경우에는 그 사실을 직업안정기관의 장에게 신고하여야 한다.
> ㉡ 직업안정기관의 장은 필요하다고 인정하면 수급자격자의 실업인정대상 기간 중의 취업 사실에 대하여 조사할 수 있다.

12 고용보험법상 상병급여의 지급일자는?

① 취업할 수 없는 사유가 없어진 이후 최초로 구직급여를 지급하는 날
② 취업할 수 없는 사유가 생긴 후 최초로 구직급여를 지급하는 날
③ 취업할 수 없는 사유가 없어진 이후 최초로 구직급여를 지급하는 날
④ 취업할 수 없는 사유가 생긴 후 최초로 구직급여를 지급하는 날

> **NOTE** 질병 등의 특례〈고용보험법 제63조 제3항〉 … 상병급여는 그 취업할 수 없는 사유가 없어진 이후에 최초로 구직급여를 지급하는 날(구직급여를 지급하는 날이 없는 경우에는 직업안정기관의 장이 정하는 날)에 지급한다. 다만, 필요하다고 인정하면 고용노동부장관이 따로 정하는 바에 따라 지급할 수 있다.

○ **Answer** ○
11.④ 12.①

13 다음 중 고용보험법상 구직급여의 지급정지사유가 아닌 것은?

① 수급자격자가 직업안정기관의 장이 소개하는 직업에 취직하는 것을 거부하는 경우
② 수급자격자가 직업안정기관의 장이 지정한 지역에의 거주를 거부하는 경우
③ 수급자격자가 직업안정기관의 장이 지시한 직업능력개발훈련 등을 거부하는 경우
④ 수급자격자가 정당한 사유 없이 고용노동부장관이 정한 기준에 따라 직업안정기관의 장이 실시하는 재취업 촉진을 위한 직업지도를 거부하는 경우

> **NOTE** 훈련 거부 등에 따른 급여의 지급 제한〈고용보험법 제60조 제1항, 제2항〉
> ㉠ 수급자격자가 직업안정기관의 장이 소개하는 직업에 취직하는 것을 거부하거나 직업안정기관의 장이 지시한 직업능력개발 훈련 등을 거부하면 대통령령으로 정하는 바에 따라 구직급여의 지급을 정지한다. 다만, 다음의 어느 하나에 해당하는 정당한 사유가 있는 경우에는 그러하지 아니하다
> • 소개된 직업 또는 직업능력개발 훈련 등을 받도록 지시된 직종이 수급자격자의 능력에 맞지 아니하는 경우
> • 취직하거나 직업능력개발 훈련 등을 받기 위하여 주거의 이전이 필요하나 그 이전이 곤란한 경우
> • 소개된 직업의 임금 수준이 같은 지역의 같은 종류의 업무 또는 같은 정도의 기능에 대한 통상의 임금 수준에 비하여 100분의 20 이상 낮은 경우 등 고용노동부장관이 정하는 기준에 해당하는 경우
> • 그 밖에 정당한 사유가 있는 경우
> ㉡ 수급자격자가 정당한 사유 없이 고용노동부장관이 정하는 기준에 따라 직업안정기관의 장이 실시하는 재취업 촉진을 위한 직업 지도를 거부하면 대통령령으로 정하는 바에 따라 구직급여의 지급을 정지한다.

○ **Answer** ○
13.②

14 다음 중 직업능력개발 수당에 대한 설명으로 잘못된 것은?

① 수급자격자가 직업안정기관의 장이 지시한 직업능력개발훈련 등을 받는 경우에 그 직업능력개발훈련 등을 받는 기간에 대하여 지급하는 수당이다.

② 구직급여의 지급이 정지된 기간에 대하여도 직업능력개발 수당은 지급한다.

③ 직업능력개발 수당의 지급요건 및 금액에 필요한 사항은 대통령령으로 정한다.

④ 고용노동부장관이 특히 필요하다고 인정하여 고시하는 직종에 관한 직업능력개발훈련 등에 대하여는 직업능력개발 수당의 금액을 다르게 정할 수 있다.

> **NOTE** 직업능력개발 수당〈고용보험법 제65조〉
> ㉠ 직업능력개발 수당은 수급자격자가 직업안정기관의 장이 지시한 직업능력개발훈련 등을 받은 경우에 그 직업능력개발훈련 등을 받는 기간에 대하여 지급한다.
> ㉡ ㉠에도 불구하고 제60조 제1항 및 제2항에 따라 구직급여의 지급이 정지된 기간에 대하여는 직업능력개발 수당을 지급하지 아니한다.
> ㉢ 직업능력개발 수당의 지급요건 및 금액에 필요한 사항은 대통령령으로 정한다. 이 경우 인력의 수급상황을 고려하여 고용노동부장관이 특히 필요하다고 인정하여 고시하는 직종에 관한 직업능력개발훈련 등에 대하여는 직업능력개발 수당의 금액을 다르게 정할 수 있다.

15 실업급여의 산정과 관련한 설명으로 옳지 않은 것은?

① 구직급여일액은 급여기초임금일액의 100분의 60을 곱한 금액이다.

② 급여기초임금일액은 평균임금으로 한다.

③ 구직급여의 산정기초가 되는 임금일액은 최종이직일을 기준으로 근로기준법에 의해 산정된 평균임금이다.

④ 수급자격자의 구직급여를 연장 지급할 수 없다.

> **NOTE** ④ 직업안정기관의 장은 직업능력개발 훈련 등을 받도록 지시한 경우에는 수급자격자가 그 직업능력개발 훈련 등을 받는 기간 중 실업의 인정을 받은 날에 대하여는 소정급여일수를 초과하여 구직급여를 연장하여 지급할 수 있다. 이 경우 연장하여 지급하는 구직급여의 지급 기간은 대통령령으로 정하는 기간을 한도로 한다〈고용보험법 제51조 제2항〉.

○ **Answer** ○
14.② 15.④

16 취업촉진 수당의 지급제한에 대한 다음 설명 중 틀린 것은?

① 거짓이나 그 밖의 부정한 방법으로 실업급여를 받은 사람에게는 그 급여를 받은 날부터 취업촉진 수당을 지급하지 아니한다.

② 거짓이나 그 밖의 부정한 방법으로 실업급여를 받으려 한 사람에게는 대통령령으로 정하는 사유에 해당하면 그 급여를 받으려 한 날부터의 취업촉진 수당을 지급하지 아니한다.

③ 거짓이나 그 밖의 부정한 방법이 신고의무의 불이행 또는 거짓의 신고 등 대통령령으로 정하는 사유에 해당하면 취업촉진 수당의 지급을 제한하지 아니한다.

④ 거짓이나 그 밖의 부당한 방법으로 실업급여를 받았음에도 불구하고 그 급여와 관련된 이직 이후에 새로 수급자격을 취득하면 그 새로운 수급자격에 따른 취업촉진 수당은 그러하지 아니하다.

> **NOTE** 취업촉진 수당의 지급제한〈고용보험법 제68조〉
> ㉠ 거짓이나 그 밖의 부정한 방법으로 실업급여를 받았거나 받으려 한 사람에게는 그 급여를 받은 날 또는 받으려 한 날부터의 취업촉진 수당을 지급하지 아니한다. 다만, 그 급여와 관련된 이직 이후에 새로 수급자격을 취득하면 그 새로운 수급자격에 따른 취업촉진 수당은 그러하지 아니하다.
> ㉡ ㉠에도 불구하고 거짓이나 그 밖의 부정한 방법이 제47조 제1항에 따른 신고의무의 불이행 또는 거짓의 신고 등 대통령령으로 정하는 사유에 해당하면 취업촉진 수당의 지급을 제한하지 아니한다. 다만, 2회 이상의 위반행위를 한 경우에는 ㉠에 따른다.
> ㉢ 거짓이나 그 밖의 부정한 방법으로 실업급여를 지급받았거나 받으려 한 사람이 ㉠ 또는 ㉡에 따라 취업촉진 수당을 지급받을 수 없게 되어 조기재취업 수당을 지급받지 못하게 된 경우에도 제64조 제4항을 적용할 때에는 그 지급받을 수 없게 된 조기재취업 수당을 지급받은 것으로 본다.

17 고용보험법상의 실업급여에 관한 다음 설명 중 옳지 않은 것은?

① 실업급여를 받을 권리는 양도 또는 압류하거나 담보로 제공할 수 없다.

② 구직급여는 수급자격자가 실업한 상태에 있는 날 중에서 직업안정기관의 장으로부터 실업의 인정을 받은 다음 날에 대하여 지급한다.

③ 구직급여를 지급받을 수 있는 날은 대기기간이 끝난 다음날부터 계산하기 시작하여 피보험기간과 연령에 따라 정한 일수가 되는 날까지로 한다.

④ 구직급여의 소정급여일수는 피보험기간 및 연령을 기준으로 하여 120일에서부터 270일로 정해진다.

> **NOTE** ② 구직급여는 수급자격자가 실업한 상태에 있는 날 중에서 직업안정기관의 장으로부터 실업의 인정을 받은 날에 대하여 지급한다〈고용보험법 제44조 제1항〉.

18 다음 중 취업촉진 수당의 종류로 볼 수 없는 것은?

① 기술개발비
② 이주비
③ 직업능력개발수당
④ 광역구직활동비

> **NOTE** 취업촉진 수당의 종류〈고용보험법 제37조 제2항〉 … 조기재취업수당, 직업능력개발수당, 광역구직활동비, 이주비

○ **Answer** ○

17.② 18.①

19 다음 중에서 구직급여의 수급 요건이 아닌 것은?

① 근로의 의사와 능력이 있음에도 불구하고 취업하지 못한 상태에 있을 것
② 이직사유가 수급자격의 제한 사유에 해당하지 아니할 것
③ 재취업을 위한 노력을 적극적으로 할 것
④ 수급자격 인정신청일 이전 1개월 동안의 근로일수가 20일 미만일 것

> **NOTE** ④ 수급자격 인정신청일 이전 1개월 동안의 근로일수가 10일 미만일 것〈고용보험법 제40조 제1항 제5호〉

20 실업의 신고와 수급자격의 인정에 관한 내용 중 틀린 것은?

① 구직급여를 지급받으려는 사람은 이직 후 3개월 이내에 직업안정기관에 출석하여 실업을 신고하여야 한다.
② 실업의 신고에는 구직신청과 수급자격의 인정신청을 포함하여야 한다.
③ 구직급여를 지급받으려는 사람은 직업안정기관의 장으로부터 구직급여의 수급 요건을 갖추었다는 사실의 인정을 받아야 한다.
④ 직업안정기관의 장은 수급자격의 인정신청을 받으면 그 신청인에 대한 수급자격의 인정 여부를 결정하고, 대통령령으로 정하는 바에 따라 신청인에게 그 결과를 알려야 한다.

> **NOTE** 구직급여를 지급받으려는 사람은 이직 후 지체없이 직업안정기관에 출석하여 실업을 신고하여야 한다〈고용보험법 제42조 제1항〉.

○ **Answer** ○
19.④ 20.①

21 수급자격자가 직업안정기관에 출석할 수 없었던 사유를 적은 증명서를 제출하여 실업을 인정받을 수 있는 경우가 아닌 것은?

① 질병이나 부상으로 인하여 직업안정기관에 출석할 수 없었던 경우로서 그 기간이 계속하여 30일 미만인 경우

② 직업안정기관의 직업소개에 따른 구인자와의 면접 등으로 직업안정기관에 출석할 수 없었던 경우

③ 직업안정기관의 장이 지시한 직업능력개발 훈련 등을 받기 위하여 직업안정기관에 출석할 수 없었던 경우

④ 천재지변이나 그 밖의 부득이한 사유로 직업안정기관에 출석할 수 없었던 경우

> **NOTE** 수급자격자가 질병이나 부상으로 인하여 직업안정기관에 출석할 수 없었던 경우로서 그 기간이 계속하여 7일 미만인 경우에는 사유를 적은 증명서를 제출하여 실업을 인정받을 수 있다〈고용보험법 제44조 제3항〉.

22 다음 중 구직급여의 기초가 되는 임금일액을 무엇이라고 하는가?

① 평균임금
② 최저임금
③ 법정임금
④ 기초임금

> **NOTE** 구직급여의 산정 기초가 되는 임금일액(이하 "기초일액"이라 한다)은 수급자격의 인정과 관련된 마지막 이직 당시 산정된 평균임금으로 한다〈고용보험법 제45조 제1항〉.

○ **Answer** ○

21.① 22.①

23 다음 중 실업을 인정할 수 있는 사람은?

① 사업자
② 시 · 도지사
③ 직업안정기관의 장
④ 피보험자

> **NOTE** 실업의 인정을 받으려는 수급자격자는 실업의 신고를 한 날부터 계산하기 시작하여 1주부터 4주의 범위에서 직업안정기관의 장이 지정한 날에 출석하여 재취업을 위한 노력을 하였음을 신고하여야 하고, 직업안정기관의 장은 직전 실업인정일의 다음 날부터 그 실업인정일까지의 각각의 날에 대하여 실업의 인정을 한다〈고용보험법 제44조 제2항〉.

24 급여의 기초가 되는 임금일액에 관한 내용 중 틀린 것은?

① 산정된 금액이 근로기준법에 따른 그 근로자의 통상임금보다 적을 경우에는 법정임금액을 기초일액으로 한다.
② 기초일액을 산정하는 것이 곤란한 경우와 보험료를 고용산재보험료징수법에 따른 기준보수를 기준으로 낸 경우에는 기준보수를 기초일액으로 한다.
③ 산정된 기초일액이 그 수급자격자의 이직 전 1일 소정근로시간에 이직일 당시 적용되던 최저임금법에 따른 시간단위에 해당하는 최저임금액을 곱한 금액보다 낮은 경우에는 최저기초일액을 기초일액으로 한다.
④ 산정된 기초일액이 보험의 취지 및 일반근로자의 임금 수준 등을 고려하여 대통령령으로 정하는 금액을 초과하는 경우에는 대통령령으로 정하는 금액을 기초일액으로 한다.

> **NOTE** ① 산정된 금액이 근로기준법에 따른 그 근로자의 통상임금보다 적을 경우에는 그 통상임금액을 기초일액으로 한다. 다만, 마지막 사업에서 이직 당시 일용근로자였던 사람의 경우에는 그러하지 아니하다.〈고용보험법 제45조 제2항〉.

○ **Answer** ○
23.③ 24.①

25 다음 중 수급자격자의 실업인정대상기간 중의 근로 제공 사실에 대하여 조사할 수 있는 사람은?

① 근로감독관
② 고용노동부장관
③ 직업안정기관의 장
④ 시·도지사

> **NOTE** 직업안정기관의 장은 필요하다고 인정하면 수급자격자의 실업인정대상기간 중의 창업사실에 대하여 조사할 수 있다〈고용보험법 제47조 제2항〉.

26 다음 중 구직급여의 대기기간으로 옳은 것은?

① 7일   ② 14일
③ 30일   ④ 60일

> **NOTE** 대기기간〈고용보험법 제49조〉 … 실업의 신고일부터 계산하기 시작하여 7일간은 대기기간으로 보아 구직급여를 지급하지 아니한다.

27 하나의 수급자격에 따라 구직급여를 받을 수 있는 날을 무엇이라고 하는가?

① 수급기간   ② 수급일수
③ 소정급여일수   ④ 요양기간

> **NOTE** 하나의 수급자격에 따라 구직급여를 지급받을 수 있는 날(이하 "소정급여일수"라 한다)은 대기기간이 끝난 다음날부터 계산하기 시작하여 피보험기간과 연령에 따라 정한 일수가 되는 날까지로 한다〈고용보험법 제50조 제1항〉. 다만, 최종 이직 당시 건설일용근로자였던 사람에 대해서는 제42조에 따른 실업의 신고일부터 계산하여 구직급여를 지급한다.

○ **Answer** ○

25.③   26.①   27.③

28 소정급여일수에 관한 내용 중 잘못된 것은?

① 임신·출산·육아, 그 밖에 대통령령으로 정하는 사유로 수급기간을 연장한 경우에는 구직급여를 받을 수 없다.

② 피보험기간은 그 수급자격과 관련된 이적 당시의 적용 사업에서의 고용기간으로 한다.

③ 피보험기간을 계산할 때 이직할 당시의 적용사업에서 피보험자격을 재취득하기 전에 구직급여를 지급받은 사실이 있는 경우에는 그 구직급여와 관련된 이직일 이전의 고용기간은 피보험기간에 포함하여 계산하지 아니한다.

④ 하나의 피보험기간에 피보험자로 된 날이 피보험자격 취득이 확인된 날부터 소급하여 3년이 되는 해의 1월 1일전이면 그 확인된 날부터 소급하여 3년이 되는 날이 속하는 보험연도 첫 날에 그 피보험자격을 취득한 것으로 보아 피보험기간을 계산한다.

> **NOTE** 수급자격자가 소정급여일수 내에 임신·출산·육아, 그 밖에 대통령령으로 정하는 사유로 수급기간을 연장한 경우에는 그 기간만큼 구직급여를 유예하여 지급한다〈고용보험법 제50조 제2항〉.

29 직업안정기관의 장이 직업능력개발 훈련 등을 받도록 지시한 경우에 지급하여야 하는 급여는?

① 통상급여
② 훈련연장급여
③ 개별연장급여
④ 특별연장급여

> **NOTE** 직업안정기관의 장은 직업능력개발 훈련 등을 받도록 지시한 경우에는 수급자격자가 그 직업능력개발 훈련 등을 받는 기간 중 실업의 인정을 받은 날에 대하여는 소정급여일수를 초과하여 구직급여를 연장하여 지급할 수 있다. 이 경우 연장하여 지급하는 구직급여(이하 "훈련연장급여")의 지급기간은 대통령령으로 정하는 기간을 한도로 한다〈고용보험법 제51조 제2항〉.

───────○ **Answer** ○───────
28.①   29.②

30 다음 중 취업이 특히 곤란하고 생활이 어려운 수급자격자에게 지급할 수 있는 것은?

① 특별연장급여
② 훈련연장급여
③ 개별연장급여
④ 통상급여

> **NOTE** 개별연장급여〈고용보험법 제52조〉
> ㉠ 직업안정기관의 장은 취업이 특히 곤란하고 생활이 어려운 수급자격자로서 대통령령으로 정하는 사람에게는 그가 실업의 인정을 받은 날에 대하여 소정급여일수를 초과하여 구직급여를 연장하여 지급할 수 있다.
> ㉡ ㉠에 따라 연장하여 지급하는 구직급여(이하 "개별연장급여")는 60일의 범위에서 대통령령으로 정하는 기간 동안 지급한다.

31 개별연장급여의 지급 기간으로 옳은 것은?

① 30일의 범위에서 대통령령으로 정하는 기간 동안 지급한다.
② 60일의 범위에서 대통령령으로 정하는 기간 동안 지급한다.
③ 30일의 범위에서 고용노동부령으로 정하는 기간 동안 지급한다.
④ 60일의 범위에서 고용노동부령으로 정하는 기간 동안 지급한다.

> **NOTE** 개별연장급여는 60일의 범위에서 대통령령으로 정하는 기간 동안 지급한다〈고용보험법 제52조 제2항〉.

◦ **Answer** ◦
30.③ 31.②

32 다음 중 실업이 급증한 경우 수급자격자에게 지급할 수 있는 것은?

① 개별연장급여

② 특별연장급여

③ 통상급여

④ 훈련연장급여

> **NOTE** 특별연장급여〈고용보험법 제53조〉
> ⊙ 고용노동부장관은 실업의 급증 등 대통령령으로 정하는 사유가 발생한 경우에는 60일의 범위에서 수급자격자가 실업의 인정을 받은 날에 대하여 소정급여 일수를 초과하여 구직급여를 연장하여 지급할 수 있다. 다만 이직 후의 생활안정을 위한 일정 기준 이상의 소득이 있는 수급자격자 등 고용노동부령으로 정하는 수급자격자에 대하여는 그러하지 아니하다.
> ⓛ 고용노동부장관은 ⊙에 따라 연장하여 지급하는 구직급여(특별연장급여)를 지급하려면 기간을 정하여 실시하여야 한다.

33 다음 중 훈련연장급여를 지급한 경우에 그 일액은?

① 구직급여일액의 100분의 100으로 한다.

② 구직급여일액의 100분의 70으로 한다.

③ 구직급여일액의 100분의 50으로 한다.

④ 구직급여일액의 100분의 30으로 한다.

> **NOTE** 훈련연장급여를 지급하는 경우에 그 일액은 해당 수급자격자의 구직급여일액의 100분의 100으로 하고, 개별연장급여 또는 특별연장급여를 지급하는 경우에 그 일액은 해당 수급자격자의 구직급여일액의 100분의 70을 곱한 금액으로 한다〈고용보험법 제54조 제2항〉.

Answer

32.② 33.①

34 연장급여의 상호 조정에 관한 내용 중 틀린 것은?

① 연장급여는 그 수급자격자가 지급받을 수 있는 구직급여의 지급이 끝난 후에 지급한다.
② 훈련연장급여를 지급받고 있는 수급자격자에게는 그 훈련연장급여의 지급이 끝나기 전에도 개별연장급여 및 특별연장급여를 지급한다.
③ 개별연장급여 또는 특별연장급여를 지급받고 있는 수급자격자가 훈련연장급여를 지급받게 되면 개별연장급여나 특별연장급여를 지급하지 아니한다.
④ 연장급여의 조정에 관하여 필요한 사항은 고용노동부령으로 정한다.

> **NOTE** 훈련연장급여를 지급받고 있는 수급자격자에게는 그 훈련연장급여의 지급이 끝난 후가 아니면 개별연장급여 및 특별연장급여를 지급하지 아니한다〈고용보험법 제55조 제2항〉.

35 다음 중 구직급여의 지급일로 옳은 것은?

① 30일
② 60일
③ 90일
④ 실업의 인정을 받은 일수분

> **NOTE** 구직급여는 대통령령으로 정하는 바에 따라 실업의 인정을 받은 일수분을 지급한다〈고용보험법 제56조 제1항〉.

36 수급자격자가 사망한 경우 지급되지 아니한 구직급여를 받을 수 없는 사람은?

① 배우자
② 법정대리인
③ 손자녀
④ 형제자매

> **NOTE** 수급자격자가 사망한 경우 그 수급자격자에게 지급되어야 할 구직급여로서 아직 지급되지 아니한 것이 있는 경우에는 그 수급자격자의 배우자(사실상의 혼인 관계에 있는 사람을 포함한다)·자녀·부모·손자녀·조부모 또는 형제자매로서 수급자격자와 생계를 같이하고 있던 사람의 청구에 따라 그 미지급분을 지급한다〈고용보험법 제57조 제1항〉.

○ **Answer** ○
34.② 35.④ 36.②

37 다음 중 이직 사유에 따른 수급자격의 제한 중 그 성격이 다른 하나는?

① 형법 또는 직무와 관련된 법률을 위반하여 금고 이상의 형을 선고받은 경우
② 사업에 막대한 지장을 초래하거나 재산상 손해를 끼친 경우로서 고용노동부령으로 정하는 기준에 해당하는 경우
③ 정당한 사유 없이 근로계약 또는 취업규칙 등을 위반하여 장기간 무단결근한 경우
④ 전직 또는 자영업을 하기 위하여 이직한 경우

> **NOTE** ①②③ 중대한 귀책사유로 해고된 피보험자로서 수급자격이 없는 것으로 본다.
> ④ 자기 사정으로 이직한 피보험자로서 수급자격이 없는 것으로 본다〈고용보험법 제58조〉.

38 다음 중 구직급여의 지급이 정지되는 경우에 해당하지 않는 것은?

① 소개된 직업 또는 직업능력개발 훈련 등을 받도록 지시된 직종이 수급자격자의 능력에 맞지 아니하는 경우
② 취직하거나 직업능력개발 훈련 등을 받기 위하여 주거의 이전이 필요하나 그 이전이 곤란한 경우
③ 소개된 직업의 임금 수준이 통상의 임금 수준에 비하여 100분의 30 이상 낮은 경우
④ 그 밖에 정당한 사유가 있는 경우

> **NOTE** 소개된 직업의 임금 수준이 같은 지역의 같은 종류의 업무 또는 같은 정도의 기능에 대한 통상의 임금 수준에 비하여 100분의 20 이상 낮은 경우 등 고용노동부장관이 정하는 기준에 해당하는 경우에는 구직급여를 받을 수 있다〈고용보험법 제60조 제1항 제3호〉.

○ **Answer** ○

37.④ 38.③

39 수급자격자가 정당한 사유 없이 재취업 촉진을 위한 직업 지도를 거부한 경우 구직급여의 지급을 정지하는 기간은?

① 1개월의 범위에서 고용노동부장관이 정하여 고시한다.
② 3개월의 범위에서 고용노동부장관이 정하여 고시한다.
③ 1개월의 범위에서 직업안정기관의 장이 정하여 고시한다.
④ 3개월의 범위에서 직업안정기관의 장이 정하여 고시한다.

> **NOTE** 수급자격자가 정당한 사유 없이 재취업 촉진을 위한 직업지도를 거부한 경우 구직급여의 지급을 정지하는 기간은 1개월의 범위에서 고용노동부장관이 정하여 고시한다〈고용보험법 제60조 제4항〉.

40 수급자격자가 스스로 영리를 목적으로 하는 사업을 영위하는 경우로서 대통령령으로 정하는 기준에 해당하면 지급되는 취업촉진 수당은?

① 조기재취업 수당   ② 직업능력개발 수당
③ 광역 구직활동비   ④ 이주비

> **NOTE** 조기재취업 수당은 수급자격자(외국인근로자의 고용 등에 관한 법률 제2조에 따른 외국인 근로자는 제외)가 안정된 직업에 재취직하거나 스스로 영리를 목적으로 하는 사업을 영위하는 경우로서 대통령령으로 정하는 기준에 해당하면 지급한다〈고용보험법 제64조 제1항〉.

41 직업능력개발 수당에 대한 설명으로 옳지 않은 것은?

① 직업능력개발 수당은 수급 자격자가 취업안전 기관의 장이 지시한 직업능력개발 훈련 등을 받은 기간에 대하여 지급한다.
② 구직급여의 지급이 정지된 기간에 대하여도 직업능력개발 수당을 지급한다.
③ 고용노동부장관은 직업능력개발 수당의 금액을 다르게 정할 수 있다.
④ 직업능력개발 수당의 지급 요건 및 금액에 필요한 사항은 대통령령으로 정한다.

> **NOTE** 구직급여의 지급이 정지된 기간에 대하여는 직업능력개발 수당을 지급하지 아니한다〈고용보험법 제65조 제2항〉.

○ **Answer** ○

39.① 40.① 41.②

42 조기재취업 수당의 지급에 관한 내용 중 틀린 것은?

① 수급자격자가 스스로 영리를 목적으로 하는 사업을 시작한 날 이전의 대통령령으로 정하는 기간에 조기재취업 수당을 지급받은 사실이 있는 경우에는 조기재취업 수당을 지급하지 아니 한다.

② 조기재취업 수당의 금액은 구직급여의 소정급여일수 중 미지급일수의 비율에 따라 대통 령령으로 정하는 기준에 따라 산정한 금액으로 한다.

③ 수급자격자를 조기에 재취업시켜 구직급여의 지급 기간이 단축되도록 한 사람에게는 대 통령령으로 정하는 바에 따라 장려금을 지급할 수 있다.

④ 조기재취업 수당의 지급은 외국인 근로자에게도 적용된다.

> **NOTE** 외국인근로자의 고용 등에 관한 법률 제2조에 따른 외국인 근로자는 수급자격자에서 제외한다〈고 용보험법 제64조 제1항〉.

43 수급자격자가 취업하거나 주거를 이전한 경우에 지급하는 취업촉진 수당은?

① 광역 구직활동비
② 이주비
③ 조기재취업 수당
④ 직업능력개발 수당

> **NOTE** 이주비는 수급자격자가 취업하거나 직업안정기관의 장이 지시한 직업능력개발 훈련 등을 받기 위 하여 그 주거를 이전하는 경우로서 대통령령으로 정하는 기준에 따라 직업안정기관의 장이 필요 하다고 인정하면 지급할 수 있다〈고용보험법 제67조 제1항〉.

──── ○ **Answer** ○ ────
42.④ 43.②

44 거짓이나 그 밖의 부정한 방법으로 실업급여를 지급받은 사람에게 처해지는 벌칙은?

① 1년 이하의 징역 또는 500만원 이하의 벌금

② 3년 이하의 징역 또는 3천만원 이하의 벌금

③ 3년 이하의 징역 또는 500만원 이하의 벌금

④ 3년 이하의 징역 또는 1천만원 이하의 벌금

> **NOTE** 거짓이나 그 밖의 부정한 방법으로 실업급여, 육아기 근로시간 단축 급여 및 출산전후휴가 급여, 구직급여 및 출산전후급여 등을 받은 사람은 3년 이하의 징역 또는 3천만원 이하의 벌금에 처한다〈고용보험법 제116조 제2항 2호〉.

45 다음 중 이주비에 대한 설명으로 옳은 것은?

① 수급자격자 및 그 수급자격에 의존하여 생계를 유지하는 동거 친족의 이주에 일반적으로 드는 비용을 말한다.

② 수급자격자가 광범위한 지역에 걸쳐 구직활동을 하는 경우 드는 통상 비용을 말한다.

③ 수급자격자가 직업능력개발 훈련을 받는 경우 그 훈련을 받는 기간 동안 드는 비용을 말한다.

④ 수급자격자의 구직급여의 소정급여일수 중 미지급일수 비율에 따라 산정된 금액을 말한다.

> **NOTE** 이주비의 금액은 수급자격자 및 그 수급자격자에 의존하여 생계를 유지하는 동거 친족의 이주에 일반적으로 드는 비용으로 하되, 그 금액의 산정은 고용노동부령으로 정하는 바에 따라 따른다.〈고용보험법 제67조 제2항〉.

──────○ **Answer** ○──────

44.② 45.①

46 다음 중 구직급여를 받을 수 없는 사람은?

① 정리해고된 사람
② 부상 등으로 업무수행이 불가능하여 이직한 사람
③ 실업을 신고하지 않은 사람
④ 이직 전 18개월간 피보험단위기간이 180일 이상인 사람

> **NOTE** ③ 구직급여는 실업신고를 하여야 수급할 수 있다.

47 취업촉진 수당의 종류가 아닌 것은?

① 구직급여
② 직업능력개발 수당
③ 광역 구직활동비
④ 이주비

> **NOTE** 취업촉진 수당의 종류〈고용보험법 제37조 제2항〉
> ㉠ 조기(早期)재취업 수당
> ㉡ 직업능력개발 수당
> ㉢ 광역 구직활동비
> ㉣ 이주비

—○ **Answer** ○—
46.③ 47.①

48 고용보험법상 연장급여에 대한 설명으로 옳지 않은 것은?

① 직업안정기관의 장은 취업이 특히 곤란하고 생활이 어려운 수급자격자로서 대통령령으로 정하는 사람에게는 그가 실업의 인정을 받은 날에 대하여 소정급여일수를 초과하여 구직급여를 연장하여 개별연장급여를 지급할 수 있다.

② 개별연장급여는 50일의 범위에서 대통령령으로 정하는 기간 동안 지급한다.

③ 이직 후의 생활안정을 위한 일정 기준 이상의 소득이 있는 수급자격자 등 고용노동부령으로 정하는 수급자격자에 대하여는 특별연장급여를 지급하지 않는다.

④ 고용노동부장관은 특별연장급여를 지급하고자 하는 경우 기간을 정하여 실시하여야 한다.

> **NOTE** 개별연장급여는 60일의 범위에서 대통령령으로 정하는 기간 동안 지급한다〈고용보험법 제52조 제2항〉.

49 고용보험법상의 구직급여에 대한 설명 중 옳지 않은 것은?

① 피보험단위기간이 통산하여 180일 미만인 때에는 수급자격이 없다.

② 소정급여일수는 피보험기간 및 연령을 기준으로 정해진다.

③ 피보험자는 근로의 의사와 능력을 가지고 구직활동을 해야 한다.

④ 구직급여의 수급기간은 6개월이다.

> **NOTE** ④ 구직급여는 고용보험법에 따른 규정이 있는 경우 외에는 그 구직급여의 수급자격과 관련된 이직일의 다음 날부터 계산하기 시작하여 12개월 내에 소정급여일수를 한도로 하여 지급한다〈고용보험법 제48조 제1항〉.

○ **Answer** ○

48.② 49.④

50 중대한 귀책사유로 해고된 피보험자로서 이직 사유에 따른 수급자격의 제한을 받는 사람으로 직업안정기관의 장이 인정하는 경우가 아닌 것은?

① 형법 또는 직무와 관련된 법률을 위반하여 금고 이상의 형을 선고받은 경우

② 사업에 막대한 지장을 초래하거나 재산상 손해를 끼친 경우로서 고용노동부령으로 정하는 기준에 해당하는 경우

③ 정당한 사유 없이 근로계약 또는 취업규칙 등을 위반하여 장기간 무단결근한 경우

④ 중대한 귀책사유가 있는 사람이 해고되지 아니하고 사업주의 권고로 이직한 경우

> **NOTE** 이직 사유에 따른 수급자격의 제한〈고용보험법 제58조〉
> ㉠ 중대한 귀책사유로 해고된 피보험자
> • 형법 또는 직무와 관련된 법률을 위반하여 금고 이상의 형을 선고받은 경우
> • 사업에 막대한 지장을 초래하거나 재산상 손해를 끼친 경우로서 고용노동부령으로 정하는 기준에 해당하는 경우
> • 정당한 사유 없이 근로계약 또는 취업규칙 등을 위반하여 장기간 무단결근한 경우
> ㉡ 자기 사정으로 이직한 피보험자
> • 전직 또는 자영업을 하기 위하여 이직한 경우
> • 중대한 귀책사유가 있는 사람이 해고되지 아니하고 사업주의 권고로 이직한 경우
> • 그 밖에 고용노동부령으로 정하는 정당한 사유에 해당하지 아니하는 사유로 이직한 경우

51 다음 중 구직급여의 수급 요건에 대하여 옳지 않은 것은?

① 이직일 이전 18개월간 피보험 단위기간이 통산(通算)하여 90일 이상일 것

② 근로의 의사와 능력이 있음에도 불구하고 취업하지 못한 상태에 있을 것

③ 재취업을 위한 노력을 적극적으로 할 것

④ 수급자격 인정신청일 이전 1개월 동안의 근로일수가 10일 미만일 것

> **NOTE** ① 이직일 이전 18개월간(이하 "기준기간") 피보험 단위기간이 통산(通算)하여 180일 이상이어야 한다〈고용보험법 제40조 제1항〉.

○ **Answer** ○
50.④ 51.①

52 다음 중 수급자격자의 취업촉진을 위한 조치가 아닌 것은?

① 특별연장급여의 지급
② 재취업활동에 관한 계획의 수립 지원
③ 실업급여 등 보험에 대한 안내와 교육
④ 채용 관련 행사의 참석 기회의 제공

> **NOTE** 수급자격자의 취업촉진을 위한 조치〈고용보험법 시행령 제67조〉
> ㉠ 재취업활동에 관한 계획의 수립 지원
> ㉡ 실업급여 등 보험에 관한 안내와 교육
> ㉢ 직업적성검사, 직업정보제공 등 재취업을 위하여 미리 준비할 사항에 대한 심층 상담과 지도
> ㉣ 구인·훈련 등 고용정보의 탐색과 활용 요령, 이력서 작성과 면접 요령 등 재취업활동 방법의 지도
> ㉤ 일자리 정보제공, 직업소개, 동행면접, 채용 관련 행사의 참석 기회의 제공
> ㉥ 훈련의 필요여부 상담, 적합한 훈련과정의 안내, 훈련 지시 등 재취업을 촉진하기 위하여 필요한 조치

53 고용노동부장관으로부터 근로자 수강지원금의 지원을 받을 수 없는 사람은?

① 이직 예정자로서 훈련 중인 사람
② 파견근로자보호 등에 관한 법률에 따른 파견근로자
③ 전직 또는 자영업을 하기 위하여 이직한 경우
④ 우선지원 대상기업에 고용된 사람

> **NOTE** 이직 사유에 따른 수급자격의 제한〈고용보험법 제58조〉
> ㉠ 중대한 귀책사유로 해고된 피보험자로서 다음의 어느 하나에 해당하는 경우
> • 형법 또는 직무와 관련된 법률을 위반하여 금고 이상의 형을 선고받은 경우
> • 사업에 막대한 지장을 초래하거나 재산상 손해를 끼친 경우로서 고용노동부령으로 정하는 기준에 해당하는 경우
> • 정당한 사유 없이 근로계약 또는 취업규칙 등을 위반하여 장기간 무단 결근한 경우
> ㉡ 자기 사정으로 이직한 피보험자로서 다음의 어느 하나에 해당하는 경우
> • 전직 또는 자영업을 하기 위하여 이직한 경우
> • ㉠의 중대한 귀책사유가 있는 사람이 해고되지 아니하고 사업주의 권고로 이직한 경우
> • 그 밖에 고용노동부령으로 정하는 정당한 사유에 해당하지 아니하는 사유로 이직한 경우

○ **Answer** ○
52.① 53.③

54 실업급여의 지급에 대한 결정·통지 및 급여원부의 작성에 관한 기술 중에서 틀린 것은?

① 직업안정기관의 장은 실업급여의 지급 여부를 결정한 경우에는 그 청구인에게 서면으로 알려야 한다.
② 실업급여를 지급하기로 결정한 경우에는 제62조에 따른 고용보험 수급자격증에 그 사실을 적어 내줌으로써 통지를 갈음할 수 있다.
③ 고용노동부장관은 실업급여를 지급한 경우에는 그 급여를 받은 수급자격자별로 급여원부를 작성하여야 한다.
④ 직업안정기관의 장은 보험과 관계있는 사람이 청구하는 경우에는 급여원부를 열람시키고, 필요하다고 인정하면 증명서를 내주어야 한다.

> **NOTE** 직업안정기관의 장은 실업급여를 지급한 경우에는 그 급여를 받은 수급자격자별로 급여원부를 작성하여야 한다〈고용보험법 시행령 제59조 제1항〉.

55 구직급여의 산정 기초가 되는 임금일액의 상한액은?

① 10만 5천원
② 11만원
③ 12만원
④ 13만 2천원

> **NOTE** 구직급여의 산정 기초가 되는 임금일액이 11만원을 초과하는 경우에는 11만원을 해당 임금일액으로 한다〈고용보험법 시행령 제68조 제1항〉.

56 다음 중 훈련연장급여의 지급 기간으로 옳은 것은?

① 2년
② 4년
③ 7년
④ 10년

> **NOTE** 직업안정기관의 장은 규정에 따라 직업능력개발 훈련 등을 받도록 지시한 경우에는 수급자격자가 그 직업능력개발 훈련 등을 받는 기간 중 실업의 인정을 받은 날에 대하여는 소정급여일수를 초과하여 구직급여를 연장하여 지급할 수 있다. 이 경우 연장하여 지급하는 구직급여(훈련연장급여)의 지급 기간은 대통령령으로 정하는 사람(2년)을 한도로 한다〈고용보험법 제51조 제2항〉, 〈고용보험법 시행령 제72조〉.

───○ **Answer** ○───
54.③ 55.② 56.①

57 다음 중 개별연장급여의 최대 지급일수는?

① 30일

② 60일

③ 90일

④ 120일

> **NOTE** 개별연장급여 지급일수는 최대한 60일로 하되, 일정 기간 동안 실업급여를 반복하여 수급한 정도를 고려하여 고용노동부장관이 정하는 기준에 따라 그 지급기간을 60일 미만으로 정할 수 있다〈고용보험법 시행령 제73조 제2항〉.

58 구직급여의 지급절차 중 구직급여를 받기를 원하는 금융기관과 계좌를 지정한 경우는?

① 최초의 실업인정일에 계좌를 신고하여야 한다.

② 최초의 실업인정일에 계좌허가를 받아야 한다.

③ 수급자격자 인정일에 계좌를 신고하여야 한다.

④ 수급자격자 인정일에 계좌허가를 받아야 한다.

> **NOTE** 수급자격자는 신청지 관할 직업안정기관에 출석하는 최초의 실업 인정일에 구직급여를 받기를 원하는 금융기관에 계좌를 지정하여 신고하여야 한다. 신고한 금융기관 또는 계좌를 변경하려는 경우에도 또한 같다〈고용보험법 시행령 제75조 제1항〉.

59 구직급여의 반환을 명령받은 사람은 그 통지를 받은 날부터 어느 기간 이내에 내야 하는가?

① 20일 이내

② 30일 이내

③ 60일 이내

④ 90일 이내

> **NOTE** 구직급여의 반환이나 구직급여액에 상당하는 금액의 납부를 명령받은 사람은 그 통지를 받은 날부터 30일 이내에 내야 한다. 다만, 낼 금액이 고용노동부장관이 정하는 금액 이상인 경우에는 본인이 신청하면 분할 납부하게 할 수 있다〈고용보험법 시행령 제81조 제2항〉.

◦ **Answer** ◦

57.② 58.① 59.②

60 고용노동부장관은 60일의 범위에서 수급자격자가 실업의 인정을 받은 날에 대하여 소정급여일수를 초과하여 구직급여를 연장하여 지급할 수 있는데 다음 중 이러한 특별연장급여의 지급 사유에 해당하지 않는 것은?

① 매월의 구직급여 지급을 받은 사람의 수를 해당 월의 말일의 피보험자 수로 나누어 얻은 비율이 연속하여 3개월 동안 각각 100분의 3을 초과하는 경우
② 매월의 수급자격 신청률이 연속하여 3개월 동안 100분의 1을 초과하는 경우
③ 매월의 실업률이 연속하여 3개월 동안 100분의 3을 초과하는 경우
④ 실업의 급증 등에 따른 고용사정의 급격한 악화로 고용정책심의회에서 특별연장급여의 지급이 필요하다고 의결한 경우

> **NOTE** 특별연장급여 지급〈고용보험법 시행령 제74조〉
> ㉠ 매월의 구직급여 지급을 받은 사람의 수(훈련연장급여, 개별연장급여 또는 특별연장급여를 지급받는 사람의 수는 제외)를 해당 월의 말일의 피보험자수로 나누어 얻은 비율이 연속하여 3개월 동안 각각 100분의 3을 초과하는 경우(같은 상황이 계속될 것으로 예상되는 경우로 한정)
> ㉡ 매월의 수급자격신청률이 연속하여 3개월 동안 100분의 1을 초과하는 경우(같은 상황이 계속될 것으로 예상되는 경우로 한정)
> ㉢ 매월의 실업률이 연속하여 3개월 동안 100분의 6을 초과하는 경우(같은 상황이 계속될 것으로 예상되는 경우로 한정)
> ㉣ 실업의 급증 등에 따른 고용사정의 급격한 악화로 고용정책심의회에서 특별연장급여의 지급이 필요하다고 의결한 경우

61 다음 중 조기재취업 수당의 금액 산정 방법으로 옳은 것은?

① 구직급여일액에 미지급일수의 2분의 1을 곱한 금액으로 한다.
② 평균임금에 미지급일수의 2분의 1을 곱한 금액으로 한다.
③ 구직급여일액에 미지급일수의 3분의 1을 곱한 금액으로 한다.
④ 평균임금에 미지급일수의 3분의 1을 곱한 금액으로 한다.

> **NOTE** 조기재취업 수당의 금액은 구직급여일액에 미지급일수의 2분의 1을 곱한 금액으로 한다〈고용보험법 시행령 제85조 제1항〉.

○ **Answer** ○

60.③ 61.①

62 다음 중 사업주가 직업능력개발 훈련을 실시하고 고용노동부장관으로부터 우대 지원받을 수 있는 사람이 아닌 것은?

① 생산직 또는 생산 관련 직에 종사하는 근로자로서 고용노동부장관이 기능·기술을 장려하기 위하여 필요하다고 인정하여 고시하는 사람

② 고용창출을 위하여 사업주가 근로자를 조별로 나누어 교대로 근로하게 하는 교대제를 새로 실시하거나 조를 늘려 교대제를 실시(4조 이하)한 이후 교대제의 적용을 새로 받게 되는 근로자로서 고용노동부장관이 정하여 고시하는 사람

③ 고용노동부장관이 정한 직업능력개발 훈련 및 평가를 받는 것을 조건으로 고용한 근로자

④ 고용상 연령차별금지 및 고령자고용촉진에 관한 법률에 따른 45세 이상 50세 미만의 준고령자

> **NOTE** ④ 고용상 연령차별금지 및 고령자고용촉진에 관한 법률 제2조 제1호 또는 제2호의 고령자(55세 이상인 사람) 또는 준고령자(50세 이상 55세 미만인 사람)〈고용보험법 제27조 제2항 제5호〉

63 다음 중 고용보험법상 실업급여의 수급권에 대한 설명으로 맞는 것은?

① 실업급여를 받을 권리는 양도 또는 압류하거나 담보로 제공할 수 없다.
② 실업급여를 받을 권리는 압류할 수 있으나 양도 또는 담보로 제공할 수 없다.
③ 실업급여를 받을 권리는 양도할 수 있으나 압류 또는 담보로 제공할 수 없다.
④ 실업급여를 받을 권리는 담보로 제공할 수 있으나 양도 또는 압류할 수는 없다.

> **NOTE** 고용보험법 제38조 내용으로 ①이 옳은 표현이다.

─── ○ **Answer** ○ ───
62.④ 63.①

64 다음 중 고용보험법상 취업촉진수당의 종류가 아닌 것은?

① 특별연장급여
② 조기재취업수당
③ 광역 구직활동비
④ 이주비

> **NOTE** 취업촉진수당에는 조기재취업수당, 직업능력개발수당, 광역 구직활동비, 이주비가 있다.〈고용보험법 제37조 제2항〉

65 다음 중 고용노동법 시행령에 따른 실업급여 수급자격자의 취업촉진을 위한 조치에 해당하지 않는 것은?

① 일자리 정보제공, 직업소개, 동행면접, 채용 관련 행사의 참석 기회의 제공
② 취업 시 취업수당 지급
③ 직업적성검사, 직업정보제공 등 재취업을 위하여 미리 준비할 사항에 대한 심층 상담과 지도
④ 구인·훈련 등 고용정보의 탐색과 활용 요령, 이력서 작성과 면접 요령 등 재취업활동 방법의 지도

> **NOTE** 수급자격자의 취업촉진을 위한 조치〈고용보험법 시행령 제67조〉
> ㉠ 재취업활동에 관한 계획의 수립 지원
> ㉡ 실업급여 등 보험에 관한 안내와 교육
> ㉢ 직업적성검사, 직업정보제공 등 재취업을 위하여 미리 준비할 사항에 대한 심층 상담과 지도
> ㉣ 구인·훈련 등 고용정보의 탐색과 활용 요령, 이력서 작성과 면접 요령 등 재취업활동 방법의 지도
> ㉤ 일자리 정보제공, 직업소개, 동행면접, 채용 관련 행사의 참석 기회의 제공
> ㉥ 훈련의 필요 여부 상담, 적합한 훈련과정의 안내, 훈련 지시 등 재취업을 촉진하기 위하여 필요한 조치

Answer

64.① 65.②

66 다음 중 실업급여 수급의 연장 사유에 해당하지 않는 것은?

① 상병급여를 수급 받는 경우의 질병이나 부상
② 범죄혐의로 인한 구속이나 형의 집행
③ 병역법에 따른 의무복무
④ 배우자의 질병이나 부상

> **NOTE** ① 상병급여를 수급하는 경우의 질병이나 부상은 실업급여 수급의 연장 사유에 해당하지 않는다.
> ※ 수급기간의 연장 사유〈고용보험법 시행령 제70조〉
> ㉠ 본인의 질병이나 부상(상병급여를 받은 경우의 질병이나 부상은 제외)
> ㉡ 배우자의 질병이나 부상
> ㉢ 본인과 배우자의 직계존속 및 직계비속의 질병이나 부상
> ㉣ 배우자의 국외발령 등에 따른 동거 목적의 거소 이전
> ㉤ 병역법에 따른 의무복무
> ㉥ 범죄혐의로 인한 구속이나 형의 집행(수급 자격이 없는 사람은 제외)
> ㉦ 위의 규정에 준하는 경우로서 고용노동부령으로 정하는 사유

67 다음 중 고용보험법 시행령에 따라 개별연장급여를 지급받는 경우에 대한 설명으로 바르지 않은 것은?

① 18세 미만이나 60세 이상인 사람
② 장애인고용촉진 및 직업재활법에 따른 장애인
③ 1개월 이상의 요양이 요구되는 환자
④ 소득이 없는 배우자

> **NOTE** 개별연장급여의 지급〈고용보험법 시행령 제73조 제1항〉
> ㉠ 18세 미만이나 65세 이상인 사람
> ㉡ 장애인고용촉진 및 직업재활법에 따른 장애인
> ㉢ 1개월 이상의 요양이 요구되는 환자
> ㉣ 소득이 없는 배우자
> ㉤ 학업 중인 사람으로서 고용노동부장관이 정하여 고시하는 사람

─── ○ **Answer** ○ ───
66.① 67.①

68 실업의 인정에 대한 설명 중 옳지 않은 것은?

① 구직급여는 수급자격자가 실업한 상태에 있는 날 중에서 직업안정기관의 장으로부터 실업의 인정을 받은 날에 대하여 지급한다.

② 실업의 인정을 받으려는 수급자격자는 실업의 신고를 한 날부터 계산하기 시작하여 1주부터 4주의 범위에서 직업안정기관의 장이 지정한 날(실업인정일)에 출석하여 재취업을 위한 노력을 하였음을 신고하여야 하고, 직업안정기관의 장은 직전 실업인정일의 다음 날부터 그 실업인정일까지의 각각의 날에 대하여 실업의 인정을 한다.

③ 수급자격자가 질병이나 부상으로 계속하여 7일 미만 출석할 수 없었던 경우 직업안정기관에 출석할 수 없었던 사유를 적은 증명서를 제출하더라도 실업의 인정을 받을 수 없다.

④ 직업안정기관의 장은 실업을 인정할 때 수급자격자의 취업을 촉진하기 위하여 재취업 활동에 관한 계획의 수립 지원, 직업소개 등 대통령령으로 정하는 조치를 하여야 한다.

> **NOTE** 수급자격자가 다음의 어느 하나에 해당하면 직업안정기관에 출석할 수 없었던 사유를 적은 증명서를 제출하여 실업의 인정을 받을 수 있다〈고용보험법 제44조 제3항〉.
> ㉠ 질병이나 부상으로 직업안정기관에 출석할 수 없었던 경우로서 그 기간이 계속하여 7일 미만인 경우
> ㉡ 직업안정기관의 직업소개에 따른 구인자와의 면접 등으로 직업안정기관에 출석할 수 없었던 경우
> ㉢ 직업안정기관의 장이 지시한 직업능력개발 훈련 등을 받기 위하여 직업안정기관에 출석할 수 없었던 경우
> ㉣ 천재지변이나 그 밖의 부득이한 사유로 직업안정기관에 출석할 수 없었던 경우

69 실업급여 수급권에 대한 설명 중 올바른 것은?

① 실업급여를 받을 권리는 양도 또는 압류하거나 담보로 제공할 수 없다.

② 실업급여 수급권은 배우자 및 자녀에 대해서만 양도 가능하다.

③ 실업급여는 양도 및 압류 할 수 없지만 담보 설정은 가능하다.

④ 실업급여 수급권은 배우자에 한해서 양도 가능하다.

> **NOTE** 수급권의 보호〈고용보험법 제38조〉… 실업급여를 받을 권리는 양도 또는 압류하거나 담보로 제공할 수 없다.

Answer

68.③ 69.①

70 구직급여의 수급기간 및 수급일수에 관한 설명 중 옳지 않은 것은?

① 구직급여의 수급자격과 관련된 이직일의 다음 날부터 계산하기 시작하여 12개월 내에 소정급여일수를 한도로 하여 지급한다.

② 12개월의 기간 중 임신·출산·육아로 취업할 수 없는 사람이 그 사실을 수급기간에 직업안정기관에 신고한 경우에는 취업할 수 없는 기간을 가산한 기간에 따른 소정급여일수를 한도로 하여 구직급여를 지급한다.

③ 산업재해보상보험법에 따른 요양급여를 받는 경우 구직급여 수급 신고로 인정하지 않는다.

④ 질병 또는 부상으로 3개월 이상의 요양이 필요하여 이직하였고, 이직 기간 동안 취업활동이 곤란하였던 사실이 구체적으로 밝힌 주치의사의 소견과 사업주의 의견을 통하여 확인된 경우 최초 요양일에 급여수급 신고한 것으로 본다.

> **NOTE** 수급기간 및 수급일수〈고용보험법 제48조〉
> ㉠ 구직급여는 이 법에 따로 규정이 있는 경우 외에는 그 구직급여의 수급자격과 관련된 이직일의 다음 날부터 계산하기 시작하여 12개월 내에 소정급여일수를 한도로 하여 지급한다.
> ㉡ 규정에 따라 12개월의 기간 중 임신·출산·육아, 그 밖에 대통령령으로 정하는 사유로 취업할 수 없는 사람이 그 사실을 수급기간에 직업안정기관에 신고한 경우에는 12개월의 기간에 그 취업할 수 없는 기간을 가산한 기간(4년을 넘을 때에는 4년)에 소정급여일수를 한도로 하여 구직급여를 지급한다.
> ㉢ 다음의 어느 하나에 해당하는 경우에는 해당 최초 요양일에 규정에 따른 신고를 한 것으로 본다.
> • 산업재해보상보험법의 규정에 따라 요양급여를 받는 경우
> • 질병 또는 부상으로 3개월 이상의 요양이 필요하여 이직하였고, 이직 기간 동안 취업활동이 곤란하였던 사실이 요양기간과 부상·질병 상태를 구체적으로 밝힌 주치의사의 소견과 요양을 위하여 이직하였다는 사업주의 의견을 통하여 확인된 경우

육아휴직 급여 등

1 빈칸에 육아휴직 급여의 감액에 대한 사항으로 적절히 들어간 것은?

> 고용노동부장관은 법 제73조제3항에 따라 피보험자가 육아휴직 기간 중 사업주로부터 육아휴직을 이유로 금품을 지급받은 경우로서 매월 단위로 육아휴직 기간 중 지급받은 금품과 육아휴직 급여의 ㉠(   )에 해당하는 금액을 합한 금액이 육아휴직 시작일을 기준으로 한 월 통상임금을 초과한 경우에는 그 초과하는 금액을 육아휴직 급여의 ㉡(   )에 해당하는 금액에서 **빼고** 지급한다.

	㉠	㉡
①	100분의 25	100분의 75
②	100분의 75	100분의 75
③	100분의 75	100분의 25
④	100분의 20	100분의 70
⑤	100분의 70	100분의 70

NOTE 〈고용보험법 시행령 제98조〉 참고
100분의 75

2 육아휴직 급여의 지급 제한에 대한 설명으로 옳지 않은 것은?

① 피보험자가 육아휴직 기간 중에 그 사업에서 이직한 경우에는 그 이직하였을 때부터 육아휴직 급여를 지급하지 아니한다.

② 피보험자가 육아휴직 기간 중에 취업을 한 경우에는 취업한 기간에 대해서는 육아휴직 급여를 지급하지 아니한다.

③ 피보험자가 사업주로부터 육아휴직을 이유로 금품을 지급받은 경우 대통령령으로 정하는 바에 따라 급여를 감액하여 지급할 수 없다.

④ 거짓이나 그 밖의 부정한 방법으로 육아휴직 급여를 받았거나 받으려 한 사람에게는 그 급여를 받은 날 또는 받으려 한 날부터의 육아휴직 급여를 지급하지 아니한다.

> **NOTE** ③ 피보험자가 사업주로부터 육아휴직을 이유로 금품을 지급받은 경우 대통령령으로 정하는 바에 따라 급여를 감액하여 지급할 수 있다〈고용보험법 제73조 제3항〉.

3 육아기 근로시간 단축 급여를 받으려는 사람은 이것을 언제 신청해야 하는가?

① 육아기 근로시간 단축을 시작한 날 이후 1개월부터 끝난 날 이후 12개월 이내
② 육아기 근로시간 단축을 끝낸 날 이후 1개월부터 12개월 이내
③ 육아기 근로시간 단축을 시작한 날 이후 2개월부터 끝난 날 이후 11개월 이내
④ 육아기 근로시간 단축을 끝낸 날 이후 12개월 이내

> **NOTE** 육아기 근로시간 단축 급여를 지급받으려는 사람은 육아기 근로시간 단축을 시작한 날 이후 1개월부터 끝난 날 이후 12개월 이내에 신청하여야 한다. 다만, 해당 기간에 대통령령으로 정하는 사유로 육아기 근로시간 단축 급여를 신청할 수 없었던 사람은 그 사유가 끝난 후 30일 이내에 신청하여야 한다.〈고용보험법 제73조의2 제2항〉.

  ◦ **Answer** ◦

2.③ 3.①

4 고용보험법상 육아휴직 급여에 관한 설명으로 틀린 것은?

① 피보험자가 육아휴직 급여 기간 중에 새로 취업한 경우에는 그 사실을 직업안전기관의 장에게 신고하여야 하지만 1주간의 소정근로시간이 15시간 미만인 경우는 신고 할 필요가 없다.

② 피보험자가 육아휴직 급여기간 중에 그 사업에서 이직한 경우에는 이직 하였을 때부터 육아 휴직 급여를 지급하지 아니하는 것이 원칙이다.

③ 피보험자가 사업주로부터 육아휴직을 이유로 금품을 지급받은 경우에라도 이를 이유로 하여 유아휴직 급여가 감액되어 지급되어서는 아니 된다.

④ 거짓이나 그 밖의 부정한 방법으로 육아휴직 급여를 받았거나 받으려 한 사람에게는 급여를 받았거나 받으려 한 날부터의 육아휴직 급여를 지급하지 아니하는 것이 원칙이다.

> **NOTE** 피보험자가 사업주로부터 육아휴직을 이유로 금품을 지급받은 경우 대통령령으로 정하는바에 따라 급여를 감액하여 지급 할 수 있다〈고용보험법 제73조 제3항〉.

5 고용보험법령상 육아휴직급여와 산전후휴가급여에 대한 설명으로 틀린 것은?

① 육아휴직급여를 받으려면 남녀고용평등과 일·가정 양립 지원에 관한 법률에 따른 육아휴직을 30일 이상 부여받은 피보험자이어야 한다.

② 특별한 사유가 없는 한 육아휴직 개시일 이후 1월부터 종료일 이후 12월 이내에 육아휴직급여를 신청해야 한다.

③ 출산전후휴가급여는 상한액과 하한액을 두고 있고, 육아휴직급여는 육아휴직 시작일부터 3개월까지는 육아휴직 시작일을 기준으로 한 월 통상임금의 100분의 80에 해당하는 금액을, 육아휴직 4개월째부터 육아휴직 종료일까지는 육아휴직 시작일을 기준으로 한 월 통상임금의 100분의 50에 해당하는 금액을 지급한다.

④ 육아휴직 또는 출산전후휴가 개시일 이전에 피보험단위기간이 통산하여 180일 이상이어야 급여를 받을 수 있다.

> **NOTE** 육아휴직은 휴직개시일 이전에, 출산전후휴가는 휴가종료일 이전에 피보험단위기간이 통산하여 180일 이상이어야 급여를 받을 수 있다〈고용보험법 제70조 제1항 및 제75조 제1호〉.

◦ **Answer** ◦

4.③ 5.④

6 다음 중 고용보험법상 출산전후휴가 급여의 지급기간에 대한 설명으로 틀린 것은?

① 출산전후휴가 급여 등은 근로기준법 제74조에 따른 휴가기간에 대하여 근로기준법의 통상 임금에 해당하는 금액을 지급한다.

② 다만, 근로자의 수 등이 대통령령으로 정하는 기준에 해당하는 기업이 아닌 경우에는 휴가 기간 중 90일을 초과한 일수로 한정한다.

③ 출산전후휴가 급여 등의 지급 금액은 대통령령으로 정하는 바에 따라 그 상한액과 하한액을 정할 수 있다.

④ 출산전후휴가 급여 등의 신청 및 지급에 필요한 사항은 고용노동부령으로 정한다.

> **NOTE** 출산전후휴가 급여 지급기간 등〈고용보험법 제76조〉
> ㉠ 「근로기준법」 제74조에 따른 출산전후휴가 또는 유산·사산휴가 기간. 다만, 우선지원 대상기업이 아닌 경우에는 휴가 기간 중 60일(한 번에 둘 이상의 자녀를 임신한 경우에는 75일)을 초과한 일수(30일을 한도로 하되, 한 번에 둘 이상의 자녀를 임신한 경우에는 45일을 한도로 한다)로 한정한다.
> ㉡ 출산전후휴가 급여 등의 상·하한액〈고용보험법 시행령 제101조〉: 피보험자에게 지급하는 출산전후휴가 급여 등의 상한액과 하한액은 다음과 같다.
> • 상한액 : 다음 각 목의 사항을 고려하여 매년 고용노동부장관이 고시하는 금액
> 　출산전후휴가 급여 등 수급자들의 평균적인 통상임금 수준, 물가상승률, 「최저임금법」에 따른 최저임금, 그 밖에 고용노동부장관이 필요하다고 인정하는 사항
> － 출산전후휴가기간 또는 유산사산휴가기간 90일에 대한 통상임금에 상당하는 금액이 600만원을 초과하는 경우 : 600만원
> － 출산전후휴가 급여 등의 지급기간이 90일 미만인 경우 : 일수로 계산한 금액
> － 한 번에 둘 이상의 자녀를 임신한 경우의 출산전후휴가기간 120일에 대한 통상임금에 상당하는 금액이 800만원을 초과하는 경우 : 800만원
> － 한 번에 둘 이상의 자녀를 임신한 경우의 출산전후휴가 급여 등의 지급기간이 120일 미만인 경우 : 일수로 계산한 금액
> • 하한액 : 출산전후휴가, 유산·사산 휴가 또는 「남녀고용평등과 일·가정 양립 지원에 관한 법률」 제18조의2에 따른 배우자 출산휴가(이하 "배우자 출산휴가"라 한다)의 시작일 당시 적용되던 「최저임금법」에 따른 시간 단위에 해당하는 최저임금액(이하 "시간급 최저임금액"이라 한다)보다 그 근로자의 시간급 통상임금이 낮은 경우에는 시간급 최저임금액을 시간급 통상임금으로 하여 산정된 출산전후휴가 급여 등의 지원기간 중 통상임금에 상당하는 금액

───○ **Answer** ○───
6.②

7 다음 중 육아휴직 급여의 지급을 관장하는 사람은?

① 고용노동부장관
② 보건복지부장관
③ 행정자치부장관
④ 직업안정기관의 장

> **NOTE** 육아휴직 급여의 신청 및 지급에 관하여 필요한 사항은 고용노동부령으로 정한다〈고용보험법 제
> 70조 제5항〉.

8 다음 중 고용보험법 시행령에 따른 육아휴직급여에 대한 설명으로 옳지 않은 것은?

① 천재지변, 본인이나 배우자의 질병·부상 등이 있는 경우 육아휴직 급여 신청기간을 연장
할 수 있다.
② 육아휴직 시작일부터 3개월까지 육아휴직 급여는 육아휴직 시작일을 기준으로 한 월 통
상임금의 100분의 80에 해당하는 금액을 지급한다.
③ 육아휴직 급여의 지급대상 기간이 1개월을 채우지 못하는 경우에는 월별 지급액을 해당
월에 휴직한 일수에 따라 일할계산한 금액을 지급액으로 한다.
④ 피보험자는 이직 또는 취업 사실을 신고하는 경우에는 이직이나 취업한 날 이전에 제출
하는 육아휴직 급여 신청서에 그 사실을 적어야 한다.

> **NOTE** ④ 피보험자는 이직 또는 취업 사실을 신고하는 경우에는 이직 또는 취업을 한 날 이후 최초로
> 제출하는 육아휴직 급여 신청서에 이직 또는 취업을 한 사실을 적어야 한다〈고용보험법 시행
> 령 제96조〉.
> ① 고용보험법 시행령 제94조
> ② 고용보험법 시행령 제95조 제1항
> ③ 고용보험법 시행령 제95조 제3항

○ **Answer** ○
7.① 8.④

9 다음 중 육아휴직 급여에 대한 설명으로 옳지 않은 것은?

① 육아휴직을 시작한 날 이후 1개월부터 끝난 날 이후 12개월 이내에 신청해야 한다.

② 육아휴직 급여의 신청 및 지급에 관하여 필요한 사항은 고용노동부령으로 정한다.

③ 같은 자녀에 대하여 피보험자인 배우자가 육아휴직을 부여받지 아니하면 육아휴직 급여를 받는다.

④ 육아휴직 급여액은 고용노동부령으로 정한다.

> **NOTE** ④ 육아휴직 급여액은 대통령령으로 정한다〈고용보험법 제70조 제4항〉.

10 다음 중 출산전후휴가 급여에 관한 설명으로 옳지 않은 것은?

① 출산전후휴가 급여 등의 상한액은 출산전후휴가급여 수급자들의 평균적인 통상임금 수준, 물가상승률, 최저임금 등을 고려하여 매년 고용노동부장관이 고시하는 금액으로 정한다.

② 2020년 기준 한 번에 둘 이상의 자녀를 임신한 경우 출산전후휴가기간 120일에 대한 상한액은 800만원이다.

③ 출산전후휴가 급여를 지급받기 위해서는 휴가가 끝난 날 이전에 법에 따른 피보험 단위기간이 통산하여 180일 이상이어야 한다.

④ 출산전후휴가 급여 등의 지급기간이 90일 미만인 경우에는 최저임금액은 통상임금으로 하여 지급한다.

> **NOTE** 출산전후휴가기간 또는 유산사산휴가기간 90일에 대한 통상임금에 상당하는 금액이 600만 원을 초과하는 경우에는 600만 원이다. 다만, 출산전후휴가 급여 등의 지급기간이 90일 미만인 경우에는 일수로 계산한 금액으로 한다〈고용보험법 시행령 제101조〉.

○ **Answer** ○

9.④ 10.④

예술인인 피보험자에 대한 고용보험 특례

1 다음 중 고용보험법의 적용을 받을 수 없는 경우는?

① 문화예술용역 관련 계약의 월평균 소득이 45만 원인 예술인
② 문화예술용역 관련 계약을 체결한 후 다른 사람을 사용하지 아니하고 자신이 직접 노무를 제공하는 사람
③ 문화예술용역 관련 계약을 체결한 예술인
④ 예술인을 상대방으로 하여 문화예술용역 관련 계약을 체결한 사업

> **NOTE** ① ㉠ 예술인 중 대통령령으로 정하는 소득 기준을 충족하지 못하는 경우 이 법을 적용하지 아니한다〈「고용보험법」 제77조의2 제2항 제2호〉.
> ㉡ 대통령령으로 정하는 소득 기준 : 예술인과 사업주가 체결한 문화예술용역 관련 계약의 월평균 소득(예술인이 문화예술용역 관련 계약에서 지급받기로 한 금액을 계약기간으로 나누어 월 단위로 산정한 금액)이 50만 원 이상일 것〈「고용보험법시행령」 제104조의5 제2항 제1호〉
> ※ 예술인인 피보험자에 대한 적용 … 근로자가 아니면서 예술인 등 대통령령으로 정하는 사람 중 문화예술용역 관련 계약을 체결하고 다른 사람을 사용하지 아니하고 자신이 직접 노무를 제공하는 사람과 이들을 상대방으로 하여 문화예술용역 관련 계약을 체결한 사업에 대해서 고용노동법 제5장의2에 한해 적용한다〈「고용보험법」 제77조의2 제1항〉.

2 다음 중 예술인인 피보험자의 범위에 들지 않는 경우는?

① 예술 활동을 업(業)으로 하여 국가를 문화적, 사회적, 경제적, 정치적으로 풍요롭게 만드는 데 공헌하는 사람으로서 문화예술 분야에서 대통령령으로 정하는 바에 따라 창작, 실연(實演), 기술지원 등의 활동을 증명할 수 있는 사람
② 예술 활동 증명을 받지 못하였거나 예술 활동 증명의 유효기간이 지난 사람으로서 문화예술 분야에서 창작, 실연(實演), 기술지원 등의 활동을 하고 있거나 하려는 사람
③ 65세 이후에 문화예술용역 관련 계약을 체결한 사람
④ 계약의 기간이 1개월 미만인 단기예술인

──────○ **Answer** ○──────
1.① 2.③

3 다음 중 예술인의 피보험자격에 관한 신고에 관한 설명으로 옳지 않는 것은?

① 하나의 사업이 여러 차례의 도급으로 이루어져 하수급인이 다수인 경우 발주자 또는 원수급인이 피보험자격에 관한 신고를 하여야 한다.

② 예술인의 피보험자격 상실에 관한 사항은 사유가 발생한 날이 속하는 달의 다음 달 10일까지 신고하여야 한다.

③ 단기예술인은 문화예술용역 계약을 체결한 사업주가 문화예술용역 일수, 계약금액 등의 노무제공내용 확인신고서를 제출하면 취득에 관한 사항을 따로 신고하지 않아도 된다.

④ 예술인은 피보험자격의 취득 및 상실에 관한 사항을 신고할 경우 문화예술용역 관련 계약서 등의 계약 관계를 증명할 수 있는 서류를 제출해야 한다.

4 다음 ㉠㉡을 신고해야 하는 사람은?

> ㉠ 하나의 사업에 다수의 도급이 이루어져 원수급인이 다수인 경우 : 원수급인 및 하수급인이 사용하는 예술인의 피보험자격 취득 및 상실에 관한 사항을 신고할 것
> ㉡ 하나의 사업이 여러 차례의 도급으로 이루어져 하수급인이 다수인 경우 : 하수급인이 사용하는 예술인의 피보험자격 취득 및 상실에 관한 사항을 신고할 것

① ㉠ 원수급인 – ㉡ 발주자
② ㉠ 발주자 – ㉡ 발주자
③ ㉠ 발주자 – ㉡ 원수급인
④ ㉠ 원수급인 – ㉡ 원수급인

> **NOTE** 발주자 또는 원수급인은 원수급인 또는 하수급인이 사용하는 예술인에 대하여 다음 각 호의 구분에 따라 해당 예술인의 피보험자격 취득 및 상실에 관한 사항을 신고해야 한다〈「고용보험법시행령」 제104조의6 제5항〉.
> ㉠ 하나의 사업에 다수의 도급이 이루어져 원수급인이 다수인 경우 : 발주자가 원수급인 및 하수급인이 사용하는 예술인의 피보험자격 취득 및 상실에 관한 사항을 신고할 것
> ㉡ 하나의 사업이 여러 차례의 도급으로 이루어져 하수급인이 다수인 경우 : 원수급인이 하수급인이 사용하는 예술인의 피보험자격 취득 및 상실에 관한 사항을 신고할 것

5 다음 중 발주자가 피보험자격 취득 등의 신고를 위해 요청할 경우 하수급인인 사업주와 예술인 등이 제공해야 하는 자료 및 정보가 아닌 것은?

① 원수급인과 하수급인간에 체결된 하도급계약서
② 사용하는 예술인의 명부
③ 문화예술용역 관련 계약서
④ 사용하는 예술인의 소득액

> **NOTE** 하수급인인 사업주와 예술인 등이 발주자가 피보험자격 취득 등을 신고할 경우 제출해야 하는 자료 및 정보〈「고용보험법시행령」 제104조의6 제6항〉.
> ㉠ 원수급인과 하수급인 또는 하수급인 사이에 체결된 하도급계약서
> ㉡ 문화예술용역 관련 계약서
> ㉢ 사용하는 예술인의 명부

○ **Answer** ○
4.③ 5.④

6 다음 중 구직급여를 지급받을 수 없는 경우에 해당하는 것은?

① 이직일 이전 12개월 중 3개월 이상을 예술인인 피보험자로 피보험자격을 유지하였을 것
② 재취업을 위한 노력을 적극적으로 할 것
③ 이직일 이전 24개월 동안의 피보험 단위기간이 통산하여 9개월 이상일 것
④ 노무제공의 의사와 능력이 있음에도 불구하고 취업하지 못한 상태에 있을 것

> **NOTE** ① 이직일 이전 24개월 중 3개월 이상을 예술인인 피보험자로 피보험자격을 유지하였을 것〈「고용보험법」제77조의3 제1항 제4호〉
> ②「고용보험법」제77조의3 제1항 제5호
> ③「고용보험법」제77조의3 제1항 제1호
> ④「고용보험법」제77조의3 제1항 제2호
> ※ 단기예술인의 구직급여 요건〈「고용보험법」제77조의3 제1항 제6호〉

7 다음은 구직급여 산정의 기초가 되는 '이것'을 예술인의 경우에는 어떻게 산정하는가에 대한 설명이다. ( ) 안에 들어갈 말로 적절한 것을 고르면?

> 예술인의 ( )은 수급자격 인정과 관련된 마지막 이직일 전 1년간의 고용산재보험료징수법에 따라 신고된 보수총액을 그 산정의 기준이 되는 기간의 총 일수로 나눈 금액으로 한다. 다만, 그 금액이 이직 당시의 고용산재보험료징수법에 따른 예술인의 기준보수의 일액 중 가장 적은 금액 미만인 경우에는 가장 적은 기준보수의 일액을 ( )으로 한다.

① 보수월객
② 소득월액
③ 구직급여일액
④ 기초일액

> **NOTE** 예술인의 기초일액은 수급자격 인정과 관련된 마지막 이직일 전 1년간의 고용산재보험료징수법 제16조의10에 따라 신고된 보수총액을 그 산정의 기준이 되는 기간의 총 일수로 나눈 금액으로 한다. 다만, 그 금액이 이직 당시의 고용산재보험료징수법 제3조에 따른 예술인의 기준보수의 일액 중 가장 적은 금액 미만인 경우에는 가장 적은 기준보수의 일액을 기초일액으로 한다〈「고용보험법」제77조의3 제3항〉.

○ Answer ○
6.① 7.④

8 예술인인 피보험자에 대한 구직급여에 관한 다음의 설명 중 옳지 않은 것은?

① 피보험 단위기간은 그 수급자격과 관련된 이직 당시의 사업에서의 피보험자격 취득일부터 이직일까지의 기간으로 산정한다.

② 예술인의 구직급여일액은 기초일액에 100분의 50을 곱한 금액으로 한다.

③ 구직급여일액의 상한액은 대통령령으로 정하는 금액으로 한다.

④ 예술인의 소정급여일수 산정을 위한 피보험기간은 제2항에 따른 피보험 단위기간으로 한다.

> **NOTE** ② 예술인의 구직급여일액은 기초일액에 100분의 60을 곱한 금액으로 한다〈「고용보험법」 제77조의3 제4항〉.
> ① 「고용보험법」 제77조의3 제2항
> ③ 「고용보험법」 제77조의3 제5항
> ④ 「고용보험법」 제77조의3 제7항

9 다음 중 예술인인 피보험자의 출산전후급여 등에 대한 설명으로 옳지 않은 것은?

① 출산전후급여등은 출산한 날 이전에 예술인으로서의 피보험 단위기간이 합산하여 3개월 이상일 경우에 지급한다.

② 출산전후급여등은 출산 또는 유산·사산을 한 날부터 12개월 이내에 신청하여야 한다.

③ 본인이나 배우자 직계존속의 질병이나 부상이 있는 경우에는 부상치료가 끝난 날부터 30일 이내에 신청하면 된다.

④ 출산전후급여등의 지급기간은 예술인인 피보험자가 한명의 자녀를 출산한 경우에는 출산 전과 후를 연속하여 100일로 하고 출산 후에 60일 이상이 되도록 하여야 한다.

> **NOTE** ④ 예술인인 피보험자가 출산한 경우: 출산 전과 후를 연속하여 90일(한 번에 둘 이상의 자녀를 임신한 경우에는 120일)로 하되, 출산 후에 45일(한 번에 둘 이상의 자녀를 임신한 경우에는 60일) 이상이 되도록 할 것〈「고용보험법시행령」 제104조의9 제2항 제1호〉
> ① 「고용보험법시행령」 제104조의9 제1항 제1호
> ② 「고용보험법시행령」 제104조의9 제1항 제3호
> ③ 「고용보험법시행령」 제104조의9 제1항 제3호

◦ Answer ◦

8.② 9.④

10 다음 중 예술인 피보험자의 출산전후급여에 속하지 않는 것은?

① 임신
② 유산
③ 사산
④ 출산

> **NOTE** 고용노동부장관은 예술인 피보험자가 출산 또는 유산·사산을 이유로 노무를 제공할 수 없는 경우에는 출산전후급여 등을 지급한다〈「고용보험법」 제77조의4 제1항〉.

11 다음 중 예술인인 피보험자가 유산 또는 사산한 경우의 출산전후급여로 옳은 것은?

① 임신기간이 12주 이상 15주 이내인 경우 : 유산 또는 사산한 날부터 15일
② 임신기간이 16주 이상 21주 이내인 경우 : 유산 또는 사산한 날부터 30일
③ 임신기간이 22주 이상 27주 이내인 경우 : 유산 또는 사산한 날부터 45일
④ 임신기간이 28주 이상인 경우 : 유산 또는 사산한 날부터 60일

> **NOTE** 예술인인 피보험자가 유산 또는 사산한 경우의 출산전후급여〈「고용보험법시행령」 제104조의9 제2항 제2호〉
> ㉠ 임신기간이 11주 이내인 경우 : 유산 또는 사산한 날부터 5일
> ㉡ 임신기간이 12주 이상 15주 이내인 경우 : 유산 또는 사산한 날부터 10일
> ㉢ 임신기간이 16주 이상 21주 이내인 경우 : 유산 또는 사산한 날부터 30일
> ㉣ 임신기간이 22주 이상 27주 이내인 경우 : 유산 또는 사산한 날부터 60일
> ㉤ 임신기간이 28주 이상인 경우 : 유산 또는 사산한 날부터 90일

○ **Answer** ○
10.① 11.②

노무제공자인 피보험자에 대한 고용보험 특례

1 다음 중 노무제공자인 피보험자의 범위에 해당하는 사람만을 고르면?

ㄱ 보험설계사   ㄴ 학습지 방문강사
ㄷ 택배배송기사   ㄹ 대출모집인
ㅁ 대리운전기사

---

① ㄱㄴㄹ   ② ㄱㄴㄷㄹ
③ ㄴㄷㄹㅁ   ④ ㄱㄴㄷㄹㅁ

> **NOTE** ㄱ 「고용보험법 시행령」 제104조의11 제1항 제1호
> ㄴ 「고용보험법 시행령」 제104조의11 제1항 제2호
> ㄷ 「고용보험법 시행령」 제104조의11 제1항 제3호
> ㄹ 「고용보험법 시행령」 제104조의11 제1항 제4호
> ㅁ 「고용보험법 시행령」 제104조의11 제1항 제13호

2 노무제공자가 고용보험법의 보호를 받을 수 있는 기준금액은 얼마인가?

① 50만 원

② 70만 원

③ 80만 원

④ 100만 원

> **NOTE** 노무제공자와 사업주가 체결한 계약(노무제공계약)에 따라 발생한 월보수액(해당 사업주가 노무제공계약을 새로 체결한 경우에는 고용산재보험료징수법 시행령에 따라 신고한 보수액을 말하고, 그 신고 이후에는 사업주가 매월 노무제공자에게 지급하는 보수액을 말한다. 이하 같다)이 80만 원 이상일 것〈「고용보험법 시행령」 제104조의11 제2항 제1호〉

---◦ **Answer** ◦---
　　　1.④ 2.③

3 다음의 노무제공자 중 〈「고용보험법」 제5장의3 노무제공자인 피보험자에 대한 고용보험 특례〉의 적용을 받는 사람은?

① 65세 이후에 근로계약을 체결한 사람

② 둘 이상의 노무제공계약의 월보수액 합산액이 60만 원인 사람

③ 계약의 기간이 3개월 미만인 단기노무제공자인 사람

④ 50세부터 피보험자격을 유지하다가 67세에 문화예술용역계약을 체결한 사람

> **NOTE** ① 65세 이후에 근로계약, 노무제공계약 또는 문화예술용역 관련 계약(65세 전부터 피보험자격을 유지하던 사람이 65세 이후에 계속하여 근로계약, 노무제공계약 또는 문화예술용역 관련 계약을 체결한 경우는 제외한다)을 체결하거나 자영업을 개시하는 경우에는 이 법을 적용하지 않는다〈「고용보험법」 제77조의6 제2항 제1호〉.
> ② 노무제공자가 둘 이상의 노무제공계약을 체결한 경우로서 같은 기간에 해당하는 노무제공계약의 월보수액을 합산하여 그 합계액이 80만 원 이상일 것〈「고용보험법 시행령」 제104조의11 제2항 제2호〉.
> ③ 노동제공자 중 계약의 기간이 1개월 미만인 사람(단기노무제공자)은 적용제외 대상에서 제외한다〈「고용보험법」 제77조의6 제2항 제2호〉.

4 다음 ( ) 안에 들어갈 말로 알맞은 것은?

> 노무제공자가 둘 이상의 노무제공계약의 월보수액을 합산하기를 원하는 경우에는 고용노동부령으로 정하는 바에 따라 노무제공계약의 월보수액의 합계액이 ( ) 이상이 되는 날이 속하는 달의 다음 달 ( )까지 고용노동부장관에게 합산 신청을 해야 한다.

① 50만 원 – 7일　　　　　　　　　② 70만 원 – 14일

③ 80만 원 – 15일　　　　　　　　　④ 100만 원 – 30일

> **NOTE** 노무제공자가 둘 이상의 노무제공계약의 월보수액을 합산하기를 원하는 경우에는 고용노동부령으로 정하는 바에 따라 노무제공계약의 월보수액의 합계액이 80만 원 이상이 되는 날이 속하는 달의 다음 달 15일까지 고용노동부장관에게 합산 신청을 해야 한다〈「고용보험법 시행령」 제104조의11 제3항〉.

○ **Answer** ○
3.④　4.③

5 다음 중 노무제공자인 피보험자에 대한 구직급여의 지급 요건으로 틀린 것은?

① 이직일 이전 24개월 동안 피보험 단위기간이 통산하여 6개월 이상일 것

② 이직일 이전 24개월 중 3개월 이상을 노무제공자인 피보험자로 피보험자격을 유지하였을 것

③ 근로 또는 노무제공의 의사와 능력이 있음에도 불구하고 취업하지 못한 상태에 있을 것

④ 재취업을 위한 노력을 적극적으로 할 것

> **NOTE** ① 이직일 이전 24개월 동안 피보험 단위기간이 통산하여 12개월 이상일 것〈「고용보험법」 제77조의8 제1항 제1호〉
> ② 「고용보험법」 제77조의8 제1항 제4호
> ③ 「고용보험법」 제77조의8 제1항 제2호
> ④ 「고용보험법」 제77조의8 제1항 제5호

6 다음 중 노무제공플랫폼사업자의 노무제공자 피보험자격 신고등에 대한 설명으로 옳지 않은 것은?

① 피보험자격 취득 및 상실에 관한 신고는 고용노동부장관에게 해야 한다.

② 피보험자격의 취득에 대한 신고는 사유가 발생한 날로부터 15일 이내에 해야 한다.

③ 노무제공플랫폼사업자가 노무제공계약 기간에 근로복지공단에 월평균보수를 통보한 경우에는 피보험자격 취득 및 상실 신고에 관한 신고를 한 것으로 본다.

④ 신고 대상이 단기노무제공자인 경우에 노무제공내용 확인신고서를 제출한 것을 해당 단기노무제공자의 피보험자격 취득 및 상실에 관한 사항을 신고한 것으로 본다.

> **NOTE** ①② 노무제공플랫폼사업자의 노무제공자 피보험자격 신고 … 노무제공플랫폼사업자의 노무제공자에 대한 피보험자격 취득 및 상실에 관한 사항의 신고는 그 사유가 발생한 날이 속하는 달의 다음 달 15일까지 고용노동부장관에게 해야 한다〈「고용보험법 시행령」 제104조의13 제1항〉.
> ③ 「고용보험법 시행령」 제104조의13 제2항
> ④ 「고용보험법 시행령」 제104조의13 제3항

──── ○ **Answer** ○ ────
5.① 6.②

7 노무제공플랫폼사업자가 노무제공자의 피보험자격 신고와 관련된 정보를 보관하여야 하는 기간은?

① 노무제공계약이 시작한 날부터 3년
② 노무제공계약이 시작한 날부터 5년
③ 노무제공계약이 끝난 날부터 3년
④ 노무제공계약이 끝난 날부터 5년

> **NOTE** 노무제공플랫폼사업자는 노무제공자의 피보험자격 신고와 관련된 정보를 해당 노무제공자와 노무제공사업의 사업주 사이에 체결된 노무제공계약이 끝난 날부터 3년 동안 노무제공플랫폼에 보관하여야 한다〈「고용보험법」 제77조의7 제5항〉.

8 다음 중 구직급여를 지급하지 않는 노무제공자의 대기 기간은?

① 실업한 날부터 계산하기 시작하여 5일간
② 실업의 신고일부터 계산하기 시작하여 5일간
③ 실업한 날부터 계산하기 시작하여 7일간
④ 실업의 신고일부터 계산하기 시작하여 7일간

> **NOTE** 노무제공자는 실업의 신고일부터 계산하기 시작하여 7일간은 대기기간으로 보아 구직급여를 지급하지 아니한다. 다만, 제1항 제3호 단서에서 정한 사유로 이직한 경우에는 4주의 범위에서 대통령령으로 정하는 기간을 대기기간으로 보아 구직급여를 지급하지 아니한다〈「고용보험법」 제77조의8 제6항〉.

○ **Answer** ○

7.③ 8.②

9 다음에서 요청할 수 있는 정보 또는 자료가 아닌 것은?

> 고용노동부장관은 노무제공자에 관한 보험사무의 효율적 처리를 위하여 노무제공플랫폼사업자에게 해당 노무제공플랫폼의 이용 및 보험관계의 확인에 필요한 자료 또는 정보의 제공을 요청할 수 있다.

① 노무제공플랫폼이용계약의 개시일과 종료일
② 노무제공자의 직종
③ 사업주의 주민등록번호
④ 노무제공횟수 및 노무제공일수

> **NOTE** ㉠ 노무제공플랫폼사업자에 대한 특례…고용노동부장관은 노무제공자에 관한 보험사무의 효율적 처리를 위하여 노무제공플랫폼사업자에게 해당 노무제공플랫폼의 이용 및 보험관계의 확인에 필요한 다음 각 호의 자료 또는 정보의 제공을 요청할 수 있다. 이 경우 요청을 받은 노무제공플랫폼사업자는 정당한 사유가 없으면 그 요청에 따라야 한다〈「고용보험법」제77조의7〉.
> • 노무제공플랫폼이용계약의 개시일 또는 종료일
> • 노무제공사업의 사업주의 보험관계와 관련된 사항으로서 사업장의 명칭·주소 등 대통령령으로 정하는 자료 또는 정보
> • 노무제공자의 피보험자격과 관련된 사항으로서 노무제공자의 이름·직종·보수 등 대통령령으로 정하는 자료 또는 정보
> ㉡ 노무제공플랫폼사업자의 노무제공자 피보험자격 신고 등
> • "사업장의 명칭·주소 등 대통령령으로 정하는 자료 또는 정보"란 다음 각 호의 자료 또는 정보를 말한다〈「고용보험법 시행령」제104조의13 제4항〉.
> - 사업장의 명칭·주소
> - 사업주(법인인 경우에는 대표자를 말한다)의 이름
> - 사업주의 사업자등록번호(법인인 경우에는 법인등록번호를 포함한다)
> • "노무제공자의 이름·직종·보수 등 대통령령으로 정하는 자료 또는 정보"란 다음 각 호의 자료 또는 정보를 말한다〈「고용보험법 시행령」제104조의13 제5항〉.
> - 노무제공자의 이름·직종
> - 노무제공자의 주민등록번호(외국인인 경우에는 외국인등록번호를 말한다)
> - 노무제공계약의 시작일 또는 종료일
> - 노무제공횟수 및 노무제공일수
> - 월보수액(단기노무제공자의 경우에는 노무제공대가를 말한다)

○ **Answer** ○

9.③

10 다음 중 노무제공자인 피보험자의 출산전후급여등의 지급요건으로 옳지 않은 것은?

① 출산전후급여등의 지급기간에 노무제공을 하지 않을 것

② 출산 또는 유산·사산을 한 날 이전에 노무제공자로서의 피보험 단위기간이 합산하여 3 개월 이상일 것

③ 배우자의 중대한 부상이 있었던 경우에는 부상치료가 끝난 날부터 30일 이내에 신청할 것

④ 출산 또는 유산·사산을 한 날부터 6개월 이내에 출산전후급여등을 신청할 것

> **NOTE** 노무제공자인 피보험자의 출산전후급여등의 지급요건 등〈「고용보험법시행령」제104조의16 제1항〉
> ㉠ 출산 또는 유산·사산을 한 날 이전에 노무제공자로서의 피보험 단위기간이 합산하여 3개월 이상일 것
> ㉡ 출산전후급여등의 지급기간에 노무제공을 하지 않을 것. 다만, 그 지급기간 중 노무제공 또는 자영업으로 발생한 소득이 각각 고용노동부장관이 정하여 고시하는 금액 미만인 경우에는 노무제공을 하지 않은 것으로 본다.
> ㉢ 출산 또는 유산·사산을 한 날부터 12개월 이내에 출산전후급여등을 신청할 것. 다만, 다음 각 목의 어느 하나에 해당하는 사유로 그 기간까지 신청할 수 없었던 경우에는 그 사유가 끝난 날 부터 30일 이내에 신청해야 한다.
> • 천재지변
> • 본인, 배우자 또는 본인·배우자의 직계존속·직계비속의 질병이나 부상
> • 범죄 혐의로 인한 구속이나 형의 집행

─────o **Answer** o─────
10.④

11 다음은 노무제공자인 피보험자의 출산전후급여에 대한 설명이다. 밑줄 친 ㉠에 해당하는 사항이 아닌 것은?

> 출산전후급여등은 출산 또는 유산·사산한 날부터 소급하여 1년 동안의 월평균보수에 해당하는 금액을 기준으로 고용보험법 시행령에서 정한 기간에 대하여 산정한 금액으로 하되, 그 상한액과 하한액은 ㉠다음의 사항을 고려하여 고용노동부장관이 정하여 고시한다.

① 출산전후휴가 급여등의 상한액과 하한액
② 동일 근로자가 지급받은 출산전후휴가 평균급여
③ 물가상승률
④ 노무제공자인 피보험자의 월평균보수 수준

> **NOTE** 출산전후급여등은 출산 또는 유산·사산한 날부터 소급하여 1년 동안의 월평균보수에 해당하는 금액을 기준으로 제104조의9 제2항 각 호의 구분에 따른 기간에 대하여 산정한 금액으로 하되, 그 상한액과 하한액은 다음 각 호의 사항을 고려하여 고용노동부장관이 정하여 고시한다〈「고용보험법 시행령」 제104조의16 제3항〉.
> ㉠ 출산전후휴가 급여등의 상한액과 하한액
> ㉡ 노무제공자인 피보험자의 월평균보수 수준
> ㉢ 물가상승률
> ㉣ 그 밖에 고용노동부장관이 출산전후급여등의 산정에 필요하다고 인정하는 사항

○ Answer ○
11.②

12 노무제공자인 피보험자가 같은 출산·유산 등으로 인한 금액을 지급받은 경우에는 그 지급받은 금액을 제외하고 출산전후급여등을 지급한다. 이 때 제외 대상에 해당하는 것이 아닌 것은?

① 근로자로서 지급받은 출산전후휴가 급여등

② 출산전후휴가 급여 등의 지급기간 이전에 근로자로서 해당 사업주로부터 지급받은 금품

③ 예술인으로서 지급받은 출산전후급여등

④ 출산전후급여등의 지급기간에 예술인으로서 해당 사업주로부터 지급받은 금품

> **NOTE** ② 출산전후휴가 급여 등의 지급기간에 근로자로서 해당 사업주로부터 지급받은 금품이 제외대상이 된다〈「고용보험법 시행령」제104조의16 제4항 제2호〉.
> ① 「고용보험법 시행령」제104조의16 제4항 제1호
> ③ 「고용보험법 시행령」제104조의16 제4항 제3호
> ④ 「고용보험법 시행령」제104조의16 제4항 제4호

─── ◦ **Answer** ◦ ───
12.②

1 고용보험 기금을 관장하는 사람은 누구인가?

① 도지사
② 고용노동부장관
③ 고용노동부차관
④ 피보험자

> **NOTE** 고용노동부장관은 보험사업에 필요한 재원에 충당하기 위하여 고용보험기금(이하 "기금"이라 한다)을 설치한다〈고용보험법 제78조 제1항〉.

2 고용기금의 용도로 옳지 않은 것은?

① 고용안정 사업에 필요한 경비
② 실업급여의 지급
③ 육아휴직 급여
④ 고용축소 사업에 필요한 경비

> **NOTE** 고용보험기금의 용도〈고용보험법 제80조 제1항〉
> ㉠ 고용안정·직업능력개발 사업에 필요한 경비
> ㉡ 실업급여의 지급
> ㉢ 국민연금 보험료의 지원
> ㉣ 육아휴직 급여 및 출산전후휴가 급여등의 지급
> ㉤ 보험료의 반환
> ㉥ 일시 차입금의 상환금과 이자
> ㉦ 이 법과 고용산재보험료징수법에 따른 업무를 대행하거나 위탁받은 사람에 대한 출연금
> ㉧ 그 밖에 이 법의 시행을 위하여 필요한 경비로서 대통령령으로 정하는 경비와 ㉠, ㉡에 따른 사업의 수행에 딸린 경비

───── ○ **Answer** ○ ─────
1.② 2.④

3 고용보험기금의 운용 계획은 누구의 승인을 받아야 하는가?

① 고용노동부장관

② 대통령

③ 고용노동부차관

④ 도지사

> **NOTE** 고용노동부장관은 매년 기금운용 계획을 세워 고용보험위원회 및 국무회의의 심의를 거쳐 대통령의 승인을 받아야 한다〈고용보험법 제81조 제1항〉.

4 고용보험기금의 용도로 볼 수 없는 것은?

① 고용안정 · 직업능력개발 사업에 필요한 경비

② 실업급여의 지급

③ 육아휴직 급여 및 출산전후휴가 급여 등의 지급

④ 교육훈련비용의 지급

> **NOTE** 기금의 용도〈고용보험법 제80조 제1항〉
> ㉠ 고용안정 · 직업능력개발 사업에 필요한 경비
> ㉡ 실업급여의 지급
> ㉢ 국민연금 보험료의 지원
> ㉣ 육아휴직 급여 및 출산전후휴가 급여 등의 지급
> ㉤ 보험료의 반환
> ㉥ 일시 차입금의 상환금과 이자
> ㉦ 이 법과 고용산재보험료징수법에 따른 업무를 대행하거나 위탁받은 사람에 대한 출연금
> ㉧ 그 밖에 이 법의 시행을 위하여 필요한 경비로서 대통령령으로 정하는 경비와 ㉠, ㉡에 따른 사업의 수행에 딸린 경비

5 고용보험기금에 대한 내용으로 옳지 않은 것은?

① 고용노동부장관은 매년 기금운용 계획을 세워 국회의 승인을 받아야 한다.
② 고용노동부장관은 매년 기금의 운용 결과에 대하여 고용보험위원회의 심의를 거쳐 공표
하여야 한다.
③ 고용노동부장관은 한국은행에 고용보험기금계정을 설치하여야 한다.
④ 고용보험기금계정은 고용안정 · 직업능력개발 사업 및 실업급여로 구분하여 관리한다.

> **NOTE** 고용노동부장관은 매년 기금운용 계획을 세워 고용보험위원회 및 국무회의의 심의를 거쳐 대통령
> 의 승인을 받아야 한다〈고용보험법 제81조 제1항〉.

6 다음 중 고용보험기금운영에 관한 설명으로 옳지 않은 것은?

① 기금은 고용노동부장관이 관리 · 운용한다.
② 기금의 관리 · 운용에 관한 세부 사항은 국가재정법의 규정에 따른다.
③ 고용노동부장관은 금융기관 및 재정자금에의 예탁 등을 통해 기금을 관리 · 운용한다.
④ 고용노동부장관은 기금을 관리 · 운용할 때에는 그 수익이 국가재정법으로 정하는 수준
이상 되도록 하여야 한다.

> **NOTE** ④ 대통령령으로 정하는 수준 이상이 되도록 하여야 한다.
> ※ 기금의 관리 · 운용〈고용보험법 제79조〉
> ㉠ 기금은 고용노동부장관이 관리 · 운용한다.
> ㉡ 기금의 관리 · 운용에 관한 세부 사항은 국가재정법의 규정에 따른다.
> ㉢ 고용노동부장관은 다음에 따라 기금을 관리 · 운용한다.
> • 금융기관에의 예탁
> • 재정자금에의 예탁
> • 국가 · 지방자치단체 또는 금융기관에서 직접 발행하거나 채무이행을 보증하는 유가증권의
>   매입
> • 보험사업의 수행 또는 기금 증식을 위한 부동산의 취득 및 처분
> • 그 밖에 대통령령으로 정하는 기금 증식 방법
> ㉣ 고용노동부장관은 기금을 관리 · 운용할 때에는 그 수익이 대통령령으로 정하는 수준 이상
> 되도록 하여야 한다.

○ **Answer** ○
5.① 6.④

7 다음 중 고용보험기금을 설치할 수 있는 사람은?

① 보건복지부장관
② 기획재정부장관
③ 고용노동부장관
④ 직업안정기관의 장

> **NOTE** 고용노동부장관은 보험사업에 필요한 재원에 충당하기 위하여 고용보험기금(이하 "기금"이라 한다)을 설치한다〈고용보험법 제78조 제1항〉.

8 고용보험법상 고용보험기금의 용도에 해당하지 않는 것은?

① 보험료의 지급
② 실업급여의 지급
③ 일시차입금의 상환금과 이자
④ 보험사업의 관리운영에 소요되는 경비

> **NOTE** 기금은 고용안정사업 및 직업능력개발사업에 필요한 경비, 실업급여의 지급, 국민연금 보험료의 지원, 육아휴직급여 및 출산전후 휴가급여 등의 지급, 보험료의 반환, 일시차입금의 상환금과 이자, 고용보험법과 고용산재보험료징수법에 따른 업무를 대행하거나 위탁받은 사람에 대한 출연금, 그 밖에 고용보험법의 시행을 위하여 필요한 경비로서 대통령령으로 정하는 경비와 고용안정·직업능력개발 및 실업급여의 지급에 따른 사업의 수행에 딸린 경비의 용도에 사용하여야 한다〈고용보험법 제80조〉.
> ※ 대통령령의 기금의 용도〈고용보험법 시행령 제107조 제1항〉
> ㉠ 보험사업의 관리·운영에 드는 경비
> ㉡ 기금의 관리·운용에 드는 경비
> ㉢ 고용산재보험료징수법에 의한 보험사무대행기관에 대한 교부금
> ㉣ 고용보험법과 고용산재보험료징수법에 따른 사업이나 업무의 위탁수수료 지급금

────── ∘ **Answer** ∘ ──────
7.③ 8.①

9 다음 중 고용보험법상 고용보험기금의 용도로 옳지 않은 것은?

① 실업급여의 지급

② 육아휴직 급여 및 출산전후휴가 급여 등의 지급

③ 보험료의 반환

④ 취업 포탈 등 취업 관련 업체 지원

> **NOTE** 기금의 용도〈고용보험법 제80조 제1항〉
> ㉠ 고용안정 · 직업능력개발 사업에 필요한 경비
> ㉡ 실업급여의 지급
> ㉢ 국민연금 보험료의 지원
> ㉣ 육아휴직 급여 및 출산전후휴가 급여 등의 지급
> ㉤ 보험료의 반환
> ㉥ 일시 차입금의 상환금과 이자
> ㉦ 고용보험법과 고용산재보험료징수법에 따른 업무를 대행하거나 위탁받은 사람에 대한 출연금
> ㉧ 그 밖에 고용보험법의 시행을 위하여 필요한 경비로서 대통령령으로 정하는 경비와 ㉠, ㉡에 따른 사업의 수행에 딸린 경비

10 다음 중 고용보험기금의 운용에 있어서 출납에 필요한 사항을 정하는 법령은?

① 대통령령

② 고용노동부령

③ 국가재정법의 규정

④ 고용보험위원회의 심의 · 의결

> **NOTE** 고용보험기금의 관리 · 운용을 하는 경우 출납에 필요한 사항은 대통령령으로 정한다.〈고용보험법 제83조〉.

Answer

9.④ 10.①

11 다음 중 고용보험기금의 관리 및 운용방법으로 옳은 것을 모두 고르면?

> ㉠ 금융기관에의 예탁
> ㉡ 재정자금에의 예탁
> ㉢ 국가·지방자치단체 또는 금융기관에서 직접 발행하거나 채무이행을 보증하는 유가증권의 매입
> ㉣ 보험사업의 수행 또는 기금 증식을 위한 부동산의 취득 및 처분
> ㉤ 자본시장과 금융투자업에 관한 법률에 따른 증권의 매입

① ㉠㉡㉣㉤   ② ㉠㉢㉣㉤
③ ㉡㉢㉣   ④ ㉠㉡㉢㉣㉤

> **NOTE** 기금의 관리·운용 방법〈고용보험법 제79조 제3항〉
> ㉠ 금융기관에의 예탁
> ㉡ 재정자금에의 예탁
> ㉢ 국가·지방자치단체 또는 금융기관에서 직접 발행하거나 채무이행을 보증하는 유가증권의 매입
> ㉣ 보험사업의 수행 또는 기금 증식을 위한 부동산의 취득 및 처분
> ㉤ 자본시장과 금융투자업에 관한 법률에 따른 증권의 매입〈고용보험법 시행령 제105조 제1항〉

1 고용보험 심사청구에 대한 설명으로 옳은 것은?

① 항의확인 또는 처분이 있음을 안 날부터 90일 이내에 제기해야 한다.

② 항의확인 또는 처분이 있음을 안 날부터 80일 이내에 제기해야 한다.

③ 재심사의 청구는 심사청구에 대한 결정이 있음을 안 날부터 70일 이내에 제기해야 한다.

④ 재심사의 청구는 심사청구에 대한 결정이 있음을 안 날부터 100일 이내에 제기해야 한다.

> **NOTE** 심사의 청구는 같은 항의 확인 또는 처분이 있음을 안 날부터 90일 이내에, 재심사의 청구는 심사청구에 대한 결정이 있음을 안 날부터 90일 이내에 각각 제기하여야 한다〈고용보험법 제87조 제2항〉.

2 고용보험 심사청구에서 대리인으로 선임할 수 없는 사람은?

① 청구인의 배우자

② 변호사

③ 고용노동부장관

④ 형제자매

> **NOTE** 대리인의 선임〈고용보험법 제88조〉
> ㉠ 청구인의 배우자, 직계존속·비속 또는 형제자매
> ㉡ 청구인인 법인의 임원 또는 직원
> ㉢ 변호사나 공인노무사
> ㉣ 심사위원회의 허가를 받은 사람

──────○ **Answer** ○──────
1.① 2.③

3 고용보험심사관은 며칠 이내에 심사청구에 대한 결정을 해야 하는가?

① 30일   ② 20일

③ 10일   ④ 50일

> **NOTE** 심사관은 심사청구를 받으면 30일 이내에 그 심사청구에 대한 결정을 하여야 한다. 다만, 부득이한 사정으로 그 기간에 결정할 수 없을 때에는 한 차례만 10일을 넘지 아니하는 범위에서 그 기간을 연장할 수 있다.〈고용보험법 제89조 제2항〉.

4 심사청구서를 심사관에게 보내는 기관은 무엇인가?

① 직업안정기관   ② 시청

③ 동사무소   ④ 행정안전부

> **NOTE** 직업안정기관 또는 근로복지공단은 심사청구서를 받은 날부터 5일 이내에 의견서를 첨부하여 심사청구서를 심사관에게 보내야 한다〈고용보험법 제90조 제2항〉.

5 원처분 등의 집행 정지에 관한 설명으로 옳지 않은 것은?

① 심사의 청구는 원처분등의 집행을 정지시키지 아니한다.

② 심사관은 집행을 정지시키려고 할 때에는 그 이유를 적은 문서로 그 사실을 직업안정기관의 장 또는 근로복지공단에 알려야 한다.

③ 직업안정기관의 장 또는 근로복지공단은 통지를 받으면 지체 없이 그 집행을 정지하여야 한다.

④ 심사관은 집행을 정지시킨 경우에는 지체 없이 심사청구인에게 그 사실을 말로 알려야 한다.

> **NOTE** ④ 심사관은 집행을 정지시킨 경우에는 지체 없이 심사청구인에게 그 사실을 문서로 알려야 한다〈고용보험법 제93조 제4항〉.

---○ **Answer** ○---
3.①   4.①   5.④

6 심사관의 권한으로 옳지 않은 것은?

① 심사청구인 또는 관계인을 지정 장소에 출석하게 하여 질문하거나 의견을 진술하게 할 수 있다.

② 심사청구인 또는 관계인에게 증거가 될 수 있는 문서와 그 밖의 물건을 제출하게 할 수 있다.

③ 전문적인 지식이나 경험을 가진 제삼자로 하여금 감정하게 할 수 있다.

④ 사건에 관계가 있는 사업장 또는 그 밖의 장소에 출입하여 사업주·종업원이나 그 밖의 관계인에게 질문하거나 문서와 물건을 검사할 수 없다.

> **NOTE** ④ 사건에 관계가 있는 사업장 또는 그 밖의 장소에 출입하여 사업주·종업원이나 그 밖의 관계인에게 질문하거나 문서와 그 밖의 물건을 검사할 수 있다.〈고용보험법 제94조 제1항 제4호〉

7 다음에 설명하고 있는 개념은 무엇인가?

> 심사관은 심사의 청구에 대한 심리를 마쳤을 때에는 원처분등의 전부 또는 일부를 취소하거나 심사청구의 전부 또는 일부를 기각한다.

① 선고

② 결정

③ 합격

④ 출력

> **NOTE** 〈고용보험법 제96조〉 참고

○ **Answer** ○

6.④ 7.②

8 고용보험심사위원회의 위원으로 임명될 수 없는 사람을 모두 고른 것은?

> ㉠ 피성년후견인
> ㉡ 피한정후견인
> ㉢ 파산의 선고를 받고 복권되지 않은 사람
> ㉣ 근로자

① ㉠㉡
② ㉢㉣
③ ㉡㉢㉣
④ ㉠㉡㉢

> **NOTE** ㉠ 심사위원회는 근로자를 대표하는 사람 및 사용자를 대표하는 사람 각 1명 이상을 포함한 15명 이내의 위원으로 구성한다〈고용보험법 제99조 제2항〉.
> ㉡ 다음 각 호의 어느 하나에 해당하는 사람은 위원에 임명될 수 없다〈고용보험법 제99조 제4항〉
> • 피성년후견인·피한정후견인 또는 파산의 선고를 받고 복권되지 아니한 사람
> • 금고 이상의 형을 선고받고 그 형의 집행이 종료되거나 집행을 받지 아니하기로 확정된 후 3년 이 지나지 아니한 사람

9 고용보험법상 심사 및 재심사의 청구에 관한 설명으로 틀린 것은?

① 피보험자격의 취득·상실에 대한 확인 등에 이의가 있는 사람은 고용보험심사관에게 심사를 청구할 수 있고, 그 결정에 이의가 있는 사람은 고용보험심사위원회에 재심사를 청구할 수 있다.

② 심사청구인은 법정대리인 외에 변호사나 공인노무사를 대리인으로 선임할 수 있다.

③ 고용보험심사관은 심사의 청구에 대한 심리를 마쳤을 때에는 원처분등의 전부 또는 일부를 취소하거나 심사청구의 전부 또는 일부를 기각한다.

④ 결정의 효력은 심사청구인 및 직업안정기관의 장 또는 근로복지공단이 결정서의 정본을 받는 날부터 발생하며 결정은 원처분 등을 행한 직업안정기관의 장을 기속한다.

> **NOTE** 결정의 효력은 심사청구인 및 직업안정기관의 장 또는 근로복지공단에 결정서의 정본을 보낸 날 부터 발생하며 결정은 원처분 등을 행한 직업안정기관의 장 또는 근로복지공단을 기속한다〈고용보험법 제98조〉.

○ **Answer** ○
8.④ 9.④

10 고용보험 심사청구와 관련된 설명으로 틀린 것은?

① 심사청구는 즉시 원처분의 집행을 정지시킨다.
② 결정은 원처분등을 행한 직업안정기관의 장 또는 근로복지공단을 기속한다.
③ 심사의 청구는 대통령령으로 정하는 바에 따라 문서로 하여야 한다.
④ 직업안정기관 또는 근로복지공단은 심사청구서를 받은 날로부터 5일 이내에 의견서를 첨부하여 심사청구서를 심사관에게 보내야 한다.

> **NOTE** 심사청구는 원처분의 집행을 정지시키지 않는다〈고용보험법 제93조 제1항〉.

11 고용보험법상 실업급여에 관한 처분에 대한 심사 및 재심사의 청구에 관련된 설명 중 옳지 않은 것은?

① 심사의 청구는 확인 또는 처분이 있음을 안 날부터 90일 이내에 제기하여야 한다.
② 심사 및 재심사의 청구는 시효중단에 관하여 재판상의 청구로 본다.
③ 심사관에 대한 기피신청은 그 사유를 구체적으로 밝힌 서면으로 하여야 한다.
④ 심사청구인은 법정대리인 외에 청구인의 배우자는 대리인으로 선임할 수 없다.

> **NOTE** 심사청구인 또는 재심사청구인은 법정대리인 외에 다음에 해당하는 사람을 대리인으로 선임할 수 있다〈고용보험법 제88조〉.
> ㉠ 청구인의 배우자, 직계존속·비속 또는 형제자매
> ㉡ 청구인인 법인의 임원 또는 직원
> ㉢ 변호사나 공인노무사
> ㉣ 심사위원회의 허가를 받은 사람

○ **Answer** ○
10.① 11.④

12 다음 중 고용보험법상 원처분 등에 대한 심사청구에 관한 설명으로 잘못된 것은?

① 원처분 등에 대한 심사의 청구는 즉시 원처분의 집행을 정지시킨다.
② 심사의 청구는 대통령령이 정하는 바에 의하여 문서로 하여야 한다.
③ 심사 및 재심사의 청구는 시효중단에 관하여 재판상의 청구로 본다.
④ 심사를 행하게 하기 위하여 고용보험심사관을 둔다.

> **NOTE** 원처분의 집행 정지〈고용보험법 제93조〉… 심사의 청구는 원처분 등의 집행을 정지시키지 아니한다. 다만, 심사관은 원처분 등의 집행에 의하여 발생하는 중대한 위해를 피하기 위하여 긴급한 필요가 있다고 인정하면 직권으로 그 집행을 정지시킬 수 있다.

13 다음 중 고용보험법상의 심사청구에 대한 결정의 방법으로 가장 바르게 설명한 것은?

① 심사청구에 대한 결정은 문서로 하여야 한다.
② 심사관은 결정을 하면 심사청구인에게 결정서의 정본을 보내야 한다.
③ 심사관은 결정을 하면 심사청구인 또는 원처분 등을 한 직업안정기관의 장에게 결정서의 정본을 보내야 한다.
④ 심사관은 결정을 하면 심사청구인 및 원처분 등을 한 직업안정기관의 장에게 각각 결정서의 사본을 보내야 한다.

> **NOTE** 심사청구에 대한 결정의 방법〈고용보험법 제97조〉
> ㉠ 제89조에 따른 결정은 대통령령으로 정하는 바에 따라 문서로 하여야 한다.
> ㉡ 심사관은 결정을 하면 심사청구인 및 원처분 등을 한 직업안정기관의 장 또는 근로복지공단에 각각 결정서의 정본을 보내야 한다.

○ **Answer** ○
12.① 13.①

14 다음 중 고용보험법상의 재심사에 대한 설명으로 틀린 것은?

① 재심사의 청구는 원처분 등을 행한 직업안정기관의 장 또는 근로복지공단을 상대방으로 한다.
② 심사위원회는 재심사의 청구를 받으면 그 청구에 대한 심리기일 및 장소를 정하여 심리기일 3일 전까지 당사자 및 그 사건을 심사한 심사관에게 알려야 한다.
③ 당사자는 심사위원회에 문서나 구두로 그 의견을 진술할 수 있다.
④ 심사위원회는 심리조서를 작성하여야 하며, 당사자에 한하여 작성된 심리조서의 열람을 신청할 수 있다.

> **NOTE** 재심사〈고용보험법 제101조 제4항, 제5항〉… 당사자나 관계인은 심사위원회가 작성한 심리조서의 열람을 신청할 수 있다.

15 다음은 고용보험법상의 재심사의 심리에 대한 설명이다. ( ) 안에 알맞은 말은?

> 심사위원회는 재심사의 청구를 받으면 그 청구에 대한 심리기일 및 장소를 정하여 ( ) 당사자 및 그 사건을 심사한 심사관에게 알려야 한다.

① 재심사의 청구를 수리한 즉시
② 재심사의 청구를 수리한 날부터 3일 이내
③ 심리기일 3일 전까지
④ 심리기일 5일 전까지

> **NOTE** 재심사의 심리〈고용보험법 제101조 제1항, 제2항〉
> ㉠ 심사위원회는 재심사의 청구를 받으면 그 청구에 대한 심리기일 및 장소를 정하여 심리기일 3일 전까지 당사자 및 그 사건을 심사한 심사관에게 알려야 한다.
> ㉡ 당사자는 심사위원회에 문서나 구두로 그 의견을 진술할 수 있다.

Answer
14.④ 15.③

16 피보험자격의 취득에 관한 심사의 청구기간으로 옳은 것은?

① 처분이 있음을 안 날부터 30일 이내에 제기한다.
② 처분이 있음을 안 날부터 90일 이내에 제기한다.
③ 결정이 있음을 안 날부터 30일 이내에 제기한다.
④ 결정이 있음을 안 날부터 90일 이내에 제기한다.

> **NOTE** 심사의 청구는 같은 항의 확인 또는 처분이 있음을 안 날부터 90일 이내에, 재심사의 청구는 심사청구에 대한 결정이 있음을 안 날부터 90일 이내에 각각 제기하여야 한다〈고용보험법 제87조 제2항〉.

17 피보험자격에 대한 심사의 청구 및 방식에 대한 설명으로 옳지 않은 것은?

① 심사의 청구는 원처분 등을 한 직업안정기관을 거쳐 심사관에게 하여야 한다.
② 직업안정기관 또는 근로복지공단은 심사청구서를 받은 날부터 5일 이내에 의견서를 첨부하여 심사청구서를 심사관에게 보내야 한다.
③ 심사의 청구가 법령으로 정한 방식을 어긴 것이라도 보정할 수 있는 것인 경우에 심사관은 상당한 기간을 정하여 심사청구인에게 심사의 청구를 보정하도록 명할 수 있다.
④ 심사의 청구는 구두나 문서로 할 수 있다.

> **NOTE** 심사의 청구는 대통령령이 정하는 바에 따라 문서로 하여야 한다〈고용보험법 제91조〉.

18 다음 중 재심사를 위해 고용보험심사위원회를 두는 곳은?

① 금융위원회　　　　　　　　② 기획재정부
③ 고용노동부　　　　　　　　④ 금융감독원

> **NOTE** 재심사를 하게 하기 위하여 고용노동부에 고용보험심사위원회(이하 "심사위원회"라 한다)를 둔다〈고용험법 제99조 제1항〉.

○ **Answer** ○

16.② 17.④ 18.③

19 원처분 등의 집행정지에 관한 내용 중 옳지 않은 것은?

① 심사의 청구는 원처분 등의 집행을 정지시킨다.
② 심사관은 집행을 정지시키려고 할 때에는 그 이유를 적은 문서로 그 사실을 직업안정기관의 장 또는 근로복지공단에 알려야 한다.
③ 직업안정기관의 장 또는 근로복지공단은 집행의 정지에 대한 통지를 받으면 지체 없이 그 집행을 정지하여야 한다.
④ 심사관은 집행을 정지시킨 경우에는 지체 없이 심사청구인에게 그 사실을 문서로 알려야 한다.

> **NOTE** 심사의 청구는 원처분 등의 집행을 정지시키지 아니한다. 다만, 심사관은 원처분 등의 집행에 의하여 발생하는 중대한 위해를 피하기 위하여 긴급한 필요가 있다고 인정하면 직권으로 그 집행을 정지시킬 수 있다〈고용보험법 제93조 제1항〉.

20 다음 중 심사관이 질문이나 검사를 하는 경우 그 권한을 나타내는 증표를 지니고 이를 관계인에게 내보여야 하는 조사에 해당하는 것은?

① 심사청구인 또는 관계인을 지정 장소에 출석하게 하여 질문하거나 의견을 진술하게 하는 것
② 심사청구인 또는 관계인에게 증거가 될 수 있는 문서와 그 밖의 물건을 제출하게 하는 것
③ 전문적인 지식이나 경험을 가진 제삼자로 하여금 감정하게 하는 것
④ 사건에 관계가 있는 사업장 또는 그 밖의 장소에 출입하여 사업주·종업원이나 그 밖의 관계인에게 질문하거나 문서와 그 밖의 물건을 검사하는 것

> **NOTE** 심사관은 사건에 관계가 있는 사업장 또는 그 밖의 장소에 출입하여 사업주·종업원이나 그 밖의 관계인에게 질문하거나 문서와 그 밖의 물건을 검사하는 경우 그 권한을 나타내는 증표를 지니고 이를 관계인에게 내보여야 한다〈고용보험법 제94조 제1항, 제2항〉.

◦ **Answer** ◦
19.① 20.④

21 다음 중 고용보험심사위원회에 대한 설명으로 옳지 않은 것은?

① 재심사를 하게 하기 위하여 고용노동부에 고용보험심사위원회를 둔다.
② 심사위원회는 근로자를 대표하는 사람 및 사용자를 대표하는 사람 각 1명 이상을 포함한 30명 이내의 위원으로 구성한다.
③ 심사위원회 및 사무국의 조직·운영 등에 필요한 사항은 대통령령으로 정한다.
④ 상임위원은 정당에 가입하거나 정치에 관여하여서는 아니 된다.

> **NOTE** ② 심사위원회는 근로자를 대표하는 사람 및 사용자를 대표하는 사람 각 1명 이상을 포함한 15명 이내의 위원으로 구성한다〈고용보험법 제99조 제2항〉.

22 고용보험심사위원회에 대한 설명으로 옳지 않은 것은?

① 심사위원회는 근로자를 대표하는 사람 및 사용자를 대표하는 사람 각 1명 이상을 포함한 15명 이내의 위원으로 구성한다.
② 위원 중 공무원이 아닌 위원이 심신 장애로 인하여 직무를 수행할 수 없게 된 경우 해촉할 수 있다.
③ 상임위원은 정당에 가입하거나 정치에 관여하여서는 아니 된다.
④ 심사위원회의 조직·운영 등에 필요한 사항은 고용노동부령으로 정한다.

> **NOTE** 심사위원회 및 사무국의 조직·운영 등에 필요한 사항은 대통령령으로 정한다〈고용보험법 제99조 제9항〉.

Answer

21.② 22.④

23 다음 중 고용보험법상 심사청구인 또는 재심사청구인이 법정대리인 외에 대리인으로 선임할 수 있는 사람을 모두 고른 것은?

> ㉠ 청구인의 배우자　　　　　　　　㉡ 직계존속
> ㉢ 공무원　　　　　　　　　　　　㉣ 공인노무사
> ㉤ 형제자매

① ㉠㉡㉤

② ㉠㉢㉤

③ ㉠㉡㉢㉣

④ ㉠㉡㉣㉤

> **NOTE** 대리인의 선임〈고용보험법 제88조〉
> ㉠ 청구인의 배우자, 직계존속·비속 또는 형제자매
> ㉡ 청구인인 법인의 임원 또는 직원
> ㉢ 변호사나 공인노무사
> ㉣ 심사위원회의 허가를 받은 사람

24 고용보험심사위원회의 심리에 대한 설명으로 옳지 않은 것은?

① 심사위원회는 재심사의 청구를 받으면 그 청구에 대한 심리 기일 및 장소를 정하여 심리 기일 3일 전까지 당사자 및 그 사건을 심사한 심사관에게 알려야 한다.

② 당사자는 심사위원회에 문서나 구두로 그 의견을 진술할 수 있다.

③ 심사위원회의 재심사청구에 대한 심리는 공개하지 아니한다.

④ 심사위원회는 심리조서를 작성하여야 한다.

> **NOTE** 심사위원회의 재심사청구에 대한 심리는 공개한다. 다만, 당사자의 양쪽 또는 어느 한 쪽이 신청한 경우에는 공개하지 아니할 수 있다〈고용보험법 제101조 제3항〉.

◦ Answer ◦

23.④　24.③

25 다음 중 심사관의 권한에 대하여 옳지 않은 것은?

① 심사관은 심사의 청구에 대한 심리를 위하여 필요하다고 인정하면 심사청구인의 신청 또는 직권으로 조사를 할 수 있다.

② 심사청구인 또는 관계인을 지정 장소에 출석하게 하여 질문하거나 의견을 진술하게 하는 것이다.

③ 심사청구인 또는 관계인에게 증거가 될 수 있는 문서와 그 밖의 물건을 제출하게 하는 것이다.

④ 심사관은 질문과 검사를 하는 경우에는 그 권한을 나타내는 증표를 반드시 지닐 필요는 없다.

> **NOTE** 심사관은 질문과 검사를 하는 경우에는 그 권한을 나타내는 증표를 지니고 이를 관계인에게 내보여야 한다〈고용보험법 제94조 제2항〉.

26 다음 중 심사위원회에 재심사를 청구하는 경우 재심사청구의 방식에 대한 설명이 옳지 않은 것은?

① 결정을 한 심사관 이름도 재심사청구 문서에 적어야 한다.

② 변호사나 공인노무사도 대리인으로 선임될 수 있다.

③ 재심사청구는 문서 또는 구두로 하여야 한다.

④ 재심사청구가 선정 대표자나 대리인에 의하여 제기되는 경우 선정 대표자나 대리인의 이름과 주소도 적어야 한다.

> **NOTE** ③ 재심사청구는 청구인의 이름과 주소, 결정을 한 심사관 이름, 결정이 있음을 안 날, 취지와 이유 등의 사항을 적은 문서로 하여야 한다〈고용보험법 시행령 제140조〉.

---

27 다음 중 고용보험심사관으로 적합한 자질을 가진 사람은?

① 고위공무원단에 속하는 일반직 공무원으로서 고용보험 업무에 1년 이상 종사한 사람
② 고위공무원단에 속하는 일반직 공무원으로서 고용보험에 관한 심사관련 업무에 1년 이상 종사한 사람
③ 고용노동부에서 일반직 9급 이상 공무원으로서 고용보험 업무에 1년 이상 종사한 사람
④ 고용노동부에서 일반직 9급 이상 공무원으로서 재심사의 청구 관련 업무에 1년 이상 종사한 사람

> **NOTE** 심사관의 자격〈고용보험법 시행령 제121조〉
> ㉠ 고용노동부에서 일반직 5급 이상 공무원이나 고위공무원단에 속하는 일반직공무원으로서 보험에 관한 심사 또는 재심사의 청구에 관련된 업무에 1년 이상 종사한 사람
> ㉡ 고용노동부에서 일반직 5급 이상 공무원이나 고위공무원단에 속하는 일반직공무원으로서 보험업무에 2년 이상 종사한 사람
> ㉢ 그 밖에 ㉠ 또는 ㉡에 해당하는 자격이 있다고 고용노동부장관이 인정하는 사람

28 다음의 (   ) 안에 들어갈 말이 바르게 연결된 것은?

> 고용보험법에서는 재심사를 하기 위하여 고용노동부에 고용보험심사위원회를 둔다고 명시하고 있다. 고용보험심사위원회는 근로자를 대표하는 사람 및 사용자를 대표하는 사람 각 (㉠)이상을 포함한 (㉡) 이내의 위원으로 구성하며 이 중 (㉢)은 상임위원으로 한다.

	㉠	㉡	㉢		㉠	㉡	㉢
①	1명	15명	2명	②	1명	15명	5명
③	2명	30명	2명	④	2명	15명	4명

> **NOTE** 심사위원회는 근로자를 대표하는 사람 및 사용자를 대표하는 사람 각 1명 이상을 포함한 15명 이내의 위원으로 구성하면 이 중 2명은 상임위원으로 한다〈고용보험법 제99조 제2항, 제3항〉.

Answer
27.② 28.①

29 다음 중 심사관이 심사청구인에게 심사청구서의 보정을 명할 수 있는 경우가 아닌 것은?

① 심사청구인의 서명이나 날인이 누락된 경우

② 심사청구의 대상이 되는 처분의 내용이 누락된 경우

③ 심사청구의 취지와 이유가 누락된 경우

④ 직업안정기관의 심사청구서에 대한 의견서

> **NOTE** ④ 심사청구서에 대한 의견서는 심사청구서의 기재사항에 해당하지 않으므로 보정을 명할 수 있는 경우가 아니다〈고용보험법 시행령 제125조 제1항〉.

30 다음 중 결정서에 들어가야 하는 사항을 모두 고르면?

㉠ 사건번호	㉡ 청구 취지
㉢ 청구인의 주민등록번호	㉣ 청구인의 주소
㉤ 결정 연월일	㉥ 주문
㉦ 사건명	㉧ 심사관의 성명

① ㉠㉡㉢㉣㉤㉥

② ㉡㉣㉤㉥㉦㉧

③ ㉠㉡㉣㉤㉥㉦

④ ㉡㉢㉣㉤㉥㉧

> **NOTE** 결정서〈고용보험법 시행령 제129조〉.
> ㉠ 사건번호와 사건명
> ㉡ 청구인의 이름과 주소
> ㉢ 피청구인인 처분청의 명칭
> ㉣ 주문
> ㉤ 청구 취지
> ㉥ 이유
> ㉦ 결정 연월일

—— ○ **Answer** ○ ——

29.④ 30.③

10 보칙 및 벌칙

1 고용보험법에 따른 포상금 지급을 담당하고 있는 법령은?

① 대통령령
② 고용노동부령
③ 총리령
④ 시·도지사령

> **NOTE** 부정행위의 신고 및 포상금의 지급에 필요한 사항은 고용노동부령으로 정한다〈고용보험법 제112조 제2항〉.

2 고용보험법의 시범사업에 대한 설명으로 옳지 않은 것은?

① 고용노동부장관은 보험사업을 효과적으로 시행하기 위하여 전면적인 시행에 어려움이 예상되거나 수행 방식 등을 미리 검증할 필요가 있는 경우는 무조건 시범사업을 할 수 없다.
② 고용노동부장관은 시범사업에 참여하는 사업주, 피보험자등 및 직업능력개발 훈련 시설 등에 재정·행정·기술이나 그 밖에 필요한 지원을 할 수 있다.
③ 시범사업의 대상자·실시지역·실시방법과 지원 내용 등에 관하여 필요한 사항은 고용노동부장관이 정하여 고시한다.
④ 고용보험의 시범사업과 관련된 법령은 대통령령이다.

> **NOTE** 고용노동부장관은 보험사업을 효과적으로 시행하기 위하여 전면적인 시행에 어려움이 예상되거나 수행 방식 등을 미리 검증할 필요가 있는 경우 대통령령으로 정하는 보험사업은 시범사업을 할 수 있다〈고용보험법 제114조 제1항〉.

Answer

1.② 2.①

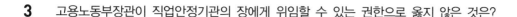

3 고용노동부장관이 직업안정기관의 장에게 위임할 수 있는 권한으로 옳지 않은 것은?

① 고용창출의 지원
② 고용조정의 지원
③ 고령자등 고용촉진의 지원
④ 건설근로자 등의 고용축소 지원

> **NOTE** 고용노동부장관은 다음 사항에 관한 권한을 직업안정기관의 장에게 위임한다〈고용보험법 시행령 제145조 제1항〉.
> ④ 건설근로자 등의 고용안정 지원

4 고용보험법에서 조사에 관한 내용으로 옳지 않은 것은?

① 고용노동부장관은 피보험자의 자격 확인, 부정수급의 조사 등 법의 시행을 위하여 필요하다고 인정하면 피보험자를 고용하였던 사업장을 조사할 수 있다.
② 고용노동부장관이 조사를 하는 경우에는 그 사업주 등에게 미리 조사 일시와 내용을 알려야 한다.
③ 조사를 하는 직원은 그 신분을 나타내는 증표를 지니고 이를 관계인에게 내보일 필요가 없다.
④ 고용노동부장관은 조사 결과를 그 사업주 등에게 서면으로 알려야 한다.

> **NOTE** ③ 조사를 하는 직원은 그 신분을 나타내는 증표를 지니고 이를 관계인에게 내보여야 한다〈고용보험법 제109조 제3항〉.

───○ **Answer** ○───
3.④ 4.③

5 고용보험법에서 3년간 행사하지 않으면 소멸되는 권리로 옳지 않은 것은?

① 지원금을 지급받거나 반환받을 권리

② 취업거부 수당을 지급받거나 반환받을 권리

③ 구직급여를 반환받을 권리

④ 육아휴직 급여, 육아기 근로시간 단축 급여 및 출산전후휴가 급여 등을 반환받을 권리

> **NOTE** 〈고용보험법 제107조 제1항 제2호〉
> ② 취업촉진 수당을 지급받거나 반환받을 권리

6 다음 중 고용보험법의 각 조항에 대한 설명이 옳지 않은 것은?

① 진찰명령 : 직업안정기관의 장은 실업급여의 지급을 위하여 필요한 경우 고용노동부장관이 지정하는 의료기관에서 진찰을 받도록 명할 수 있다.

② 포상금의 지급 : 고용안정 · 직업능력개발 사업의 지원 · 위탁 및 실업급여 · 육아휴직 급여 또는 출산전후휴가 급여 등의 지원과 관련한 부정행위를 신고한 사람에게 예산의 범위에서 포상금을 지급할 수 있다.

③ 심리 : 당사자는 심사위원회에 문서로만 그 의견을 진술할 수 있으며 심사위원회의 재심사청구에 대한 심리는 공개한다.

④ 차입금 : 기금을 지출할 때 자금 부족이 발생하거나 발생할 것으로 예상되는 경우에는 기금의 부담으로 금융기관 · 다른 기금과 그 밖의 재원 등으로부터 차입을 할 수 있다.

> **NOTE** ③ 문서 또는 구두로 할 수 있다.〈고용보험법 제101조 제2항〉
> ① 〈고용보험법 제111조〉
> ② 〈고용보험법 제112조〉
> ④ 〈고용보험법 제86조〉

○ **Answer** ○
5.② 6.③

7 다음 중 고용보험법상 벌칙에 관한 설명으로 가장 옳지 않은 것은?

① 근로자를 해고하거나 그 밖에 근로자에게 불이익한 처우를 한 사업주는 3년 이하의 징역 또는 3천만 원 이하의 벌금에 처한다.

② 거짓이나 그 밖의 부정한 방법으로 실업급여 · 육아휴직 급여 및 출산전후휴가 급여 등을 받은 사람은 3년 이하의 징역 또는 3천만 원 이하의 벌금에 처한다.

③ 법인 또는 개인이 그 위반행위를 방지하기 위하여 해당 업무에 관하여 상당한 주의와 감독을 게을리 하지 아니한 경우에도 양벌규정의 원칙에 따라 행위자가 위반행위를 하면 그 행위자를 벌하는 외에 그 법인 또는 개인에게도 벌금형을 과(科)한다.

④ 피보험자격에 관한 신고 사항을 위반하여 신고를 하지 아니하거나 거짓으로 신고를 한 사업주, 보험사무대행기관의 대표자 또는 대리인 · 사용인, 그 밖의 종업원에게는 300만 원 이하의 과태료를 부과한다.

> **NOTE** 양벌규정〈고용보험법 제117조〉… 법인의 대표자나 법인 또는 개인의 대리인, 사용인, 그 밖의 종업원이 그 법인 또는 개인의 업무에 관한 사항을 위반행위를 하면 그 행위자를 벌하는 외에 그 법인 또는 개인에게도 해당 조문의 벌금형을 과(科)한다. 다만, 법인 또는 개인이 그 위반행위를 방지하기 위하여 해당 업무에 관하여 상당한 주의와 감독을 게을리 하지 아니한 경우에는 그러하지 아니하다.

8 고용보험법에 따른 고용안정 · 직업능력개발 사업에 따른 지원금, 취업촉진 수당, 구직급여, 육아휴직 급여, 육아기 근로시간 단축 급여 및 출산전후휴가 급여 등을 지급받거나 그 반환을 받을 권리의 소멸시효는?

① 1년 ② 2년
③ 3년 ④ 4년

> **NOTE** 소멸시효〈고용보험법 제107조〉… 다음의 어느 하나에 해당하는 권리는 3년간 행사하지 아니하면 시효로 소멸한다.
> ㉠ 고용안정 · 직업능력개발 사업에 따른 지원금을 지급받거나 반환받을 권리
> ㉡ 취업촉진 수당을 지급받거나 반환받을 권리
> ㉢ 구직급여를 반환받을 권리
> ㉣ 육아휴직 급여, 육아기 근로시간 단축 급여 및 출산전후휴가 급여 등을 반환받을 권리

9 피보험자의 자격 확인 및 부정수급의 조사 등에 대한 설명으로 옳지 않은 것은?

① 고용노동부장관은 피보험자의 자격 확인, 부정수급의 조사 등에 필요하다고 인정되면 소속 직원에게 피보험자 또는 수급자격자를 고용하고 있거나 고용하였던 사업주의 사업장 또는 보험사무대행기관 및 보험사무대행기관이었던 사람의 사무소에 출입하여 관계인에 대하여 질문하거나 장부 등 서류를 조사하게 할 수 있다.

② 고용노동부장관이 조사를 하는 경우에는 그 사업주 등에게 미리 조사 일시·조사 내용 등 조사에 필요한 사항을 알려야 한다. 다만, 긴급하거나 미리 알릴 경우 그 목적을 달성할 수 없다고 인정되는 경우에는 그러하지 아니하다.

③ 조사를 하는 직원은 그 신분을 나타내는 증표를 지니고 이를 관계인에게 내보여야 한다.

④ 고용노동부장관은 조사 결과를 그 사업주 등에게 구두로 알려야 한다.

> **NOTE** ④ 고용노동부장관은 제1항에 따른 조사 결과를 그 사업주 등에게 서면으로 알려야 한다〈고용보험법 제109조 제4항〉.

10 다음의 설명 중 옳지 않은 것은?

① 고용노동부장관은 필요하다고 인정하면 피보험자 또는 수급자격자를 고용하고 있거나 고용하였던 사업주, 고용산재보험료징수법에 따른 보험사무대행기관 및 보험사무대행기관이었던 사람에게 피보험자의 자격 확인, 부정수급의 조사 등 이 법의 시행에 필요한 보고, 관계 서류의 제출 또는 관계인의 출석을 요구할 수 있다.

② 이직한 사람은 종전의 사업주 또는 그 사업주로부터 보험 사무의 위임을 받아 보험 사무를 처리하는 보험사무대행기관에 실업급여를 지급받기 위하여 필요한 증명서의 교부를 청구할 수 있다. 이 경우 청구를 받은 사업주나 보험사무대행기관은 그 청구에 따른 증명서를 내주어야 한다.

③ 고용노동부장관은 피보험자, 수급자격자 또는 지급되지 아니한 실업급여의 지급을 청구하는 사람에게 피보험자의 자격 확인, 부정수급의 조사 등 이 법의 시행에 필요한 보고를 하게 하거나 관계 서류의 제출 또는 출석을 요구할 수 있다.

④ 고용노동부장관은 보험사업의 효율적인 운영을 위하여 필요하면 관계 중앙행정기관·지방자치단체, 그 밖의 공공단체 등에게 필요한 자료의 제출을 요청할 수 있으며, 이에 따라 자료의 제출을 요청받은 사람은 무조건 요청에 따라야 한다.

> **NOTE** ④ 자료의 제출을 요청받은 관계 기관의 장은 특별한 사유가 없을 경우 그 요청에 따라야 한다〈고용보험법 제110조 제1항〉.

○ **Answer** ○
9.④ 10.④

11 다음 징수금의 징수에 관하여 준용하는 법령은?

> ㉠ 고용안정 · 직업능력개발 사업의 지원금액의 반환금 또는 추가징수금
> ㉡ 실업급여의 반환금 또는 추가징수금
> ㉢ 육아휴직 급여 등의 반환금 또는 추가징수금

① 국세기본법
② 고용산재보험료징수법
③ 고용보험법
④ 지방세법

NOTE 고용보험법에 따른 다음의 징수금의 징수에 관하여는 고용산재보험료징수법 제27조, 제27조의2, 제27조의3, 제28조, 제28조의2부터 제28조의7까지, 제29조, 제29조의2, 제29조의3, 제30조, 제 32조, 제39조, 제41조 및 제42조를 준용한다〈고용보험법 제106조〉.
㉠ 고용안정 · 직업능력개발 사업의 지원금액의 반환금 또는 추가징수금
㉡ 실업급여의 반환금 또는 추가징수금
㉢ 육아휴직 급여 등의 반환금 또는 추가징수금

─○ **Answer** ○─
11.②

PART

02

부록

1 다음 중 고용보험법에서 사용하는 단어에 대한 설명으로 옳지 않은 것은?

① "이직(離職)"이란 피보험자와 사업주 사이의 고용관계가 끝나게 되는 것을 말한다.
② "실업"이란 근로의 의사와 능력이 없어 취업하지 못한 상태에 있는 것을 말한다.
③ "실업의 인정"이란 직업안정기관의 장이 수급자격자가 실업한 상태에서 적극적으로 직업을 구하기 위하여 노력하고 있다고 인정하는 것을 말한다.
④ "일용근로자"란 1개월 미만 동안 고용되는 사람을 말한다.

2 고용노동부장관이 위촉한 위원을 해촉할 수 있는 경우가 아닌 것은?

① 심신장애로 인하여 직무를 수행할 수 없게 된 경우
② 직무와 관련된 비위사실이 있는 경우
③ 직무태만, 품위손상이나 그 밖의 사유로 인하여 위원으로 적합하지 아니하다고 인정되는 경우
④ 다른 위원에 의해서 직무를 수행하는 것이 곤란하다고 밝혀지는 경우

3 빈칸에 들어갈 수 없는 내용은?

> 이 법은 근로자를 사용하는 (   ) 또는 (   )에 적용한다. 다만, 산업별 특성 및 규모 등을 고려하여 (   )으로 정하는 사업에 대하여는 적용하지 아니한다.

① 일부 사업   ② 모든 사업
③ 사업장   ④ 대통령령

4 피보험자의 상실일에 관한 설명으로 옳은 것은?

① 피보험자가 적용 제외 근로자에 해당하게 된 경우에는 그 적용 제외 대상자가 된 다음 날
② 보험관계가 소멸한 경우에는 그 보험관계가 소멸한 다음 날
③ 피보험자가 이직한 경우에는 이직한 날의 다음 날
④ 피보험자가 사망한 경우에는 사망한 날

5 원수급인(元受給人)이 사업주로 된 경우에 그 사업에 종사하는 근로자 중 원수급인이 고용하는 근로자 외의 근로자에 대하여는 그 근로자를 고용하는 하수급인(下受給人)이 신고를 하여야 한다. 이때 신고를 하여야 하는 하수급인(下受給人)으로 옳지 않은 것은?

① 건설사업자
② 주택건설사업자
③ 정보통신공사업자
④ 보안사업자

6 우선지원 대상기업이 그 규모의 확대 등으로 우선지원 대상기업에 해당하지 아니하게 된 경우 그 사유가 발생한 연도의 다음 연도부터 몇 년 간 우선지원 대상기업으로 보는가?

① 2년
② 3년
③ 5년
④ 8년

7 다음 빈칸에 들어갈 수 없는 내용은?

> 고용노동부장관은 피보험자 및 피보험자였던 사람, 그 밖에 취업할 의사를 가진 사람에 대한
> (   ), (   ), (   ), 직업능력개발·향상의 기회 제공 및 지원, 그 밖에 고용안정과 사업주
> 에 대한 인력 확보를 지원하기 위하여 고용안정·직업능력개발 사업을 실시한다.

① 실업의 예방
② 취업의 촉진
③ 고용기회의 확대
④ 근무환경 개선

8 다음 중 고용안정 및 직업능력개발 사업을 실시함에 있어서 상시 사용하는 근로자의 수의 범위
가 가장 큰 기업은?

① 보건업 및 사회복지 서비스업
② 금융 및 보험업
③ 건설업
④ 제조업

9 고용노동부장관은 피보험자등의 직업능력을 개발·향상시키기 위하여 대통령령으로 정하는 직
업능력개발 훈련을 실시하는 사업주에게 대통령령으로 정하는 바에 따라 그 훈련에 필요한 비
용을 지원할 수 있다. 이때 우대 지원을 받을 수 있는 근로자가 아닌 사람은?

① 기간제근로자
② 장시간근로자
③ 파견근로자
④ 일용근로자

10 다음 중 실업급여의 종류가 아닌 것은?

① 조기(早期)재취업 수당
② 직업능력개발 수당
③ 광역 구직활동비
④ 문화활동비

11 다음 중 빈칸에 들어갈 내용으로 옳은 것은?

> 구직급여를 지급받으려는 사람은 이직 후 (   ) 직업안정기관에 출석하여 실업을 신고하여야
> 한다.

① 지체없이
② 1달 이내로
③ 3달 이내로
④ 6달 이내로

12 다음 중 이주비에 대한 설명으로 옳지 않은 것은?

① 이주비는 수급자격자가 취업하거나 직업안정기관의 장이 지시한 직업능력개발 훈련 등을
   받기 위하여 그 주거를 이전하는 경우에 지급된다.
② 고용노동부장관이 정하는 기준에 따라 직업안정기관의 장이 필요하다고 인정하면 지급
   할 수 있다.
③ 이주비의 금액은 수급자격자 및 그 수급자격자에 의존하여 생계를 유지하는 동거 친족의
   이주에 일반적으로 드는 비용으로 한다.
④ 이주비의 산정은 고용노동부령으로 정하는 바에 따라 따른다.

13 다음 중 직업안정기관의 장이 인정하는 수급자격이 없는 폐업한 자영업자에 대한 설명으로 옳지 않은 것은?

① 법령을 위반하여 허가 취소를 받거나 영업 정지를 받음에 따라 폐업한 경우
② 방화(放火) 등 피보험자 본인의 중대한 귀책사유로서 고용노동부령으로 정하지 않은 사유로 폐업한 경우
③ 매출액 등이 급격하게 감소하는 등 고용노동부령으로 정하는 사유가 아닌 경우로서 전직 또는 자영업을 다시 하기 위하여 폐업한 경우
④ 고용노동부령으로 정하는 정당한 사유에 해당하지 아니하는 사유로 폐업한 경우

14 육아휴직 급여를 지급받으려는 사람은 육아휴직을 시작한 날 이후 1개월부터 육아휴직이 끝난 날 이후 12개월 이내에 신청하여야 한다. 다만, 해당 기간에 대통령령으로 정하는 사유로 육아휴직 급여를 신청할 수 없었던 사람은 그 사유가 끝난 후 30일 이내에 신청하여야 한다. 여기서 "대통령령으로 정하는 사유"가 아닌 것은?

① 방화(放火) 등 범죄 피해로 인한 손해
② 본인이나 배우자의 질병·부상
③ 본인이라 배우자의 직계존속 및 직계비속의 질병·부상
④ 천재지변

15 다음 중 육아휴직 급여의 지급 제한에 대한 설명으로 옳은 것은?

① 피보험자가 육아휴직 기간 중에 그 사업에서 이직한 경우에는 그 이직을 하고 1달 뒤부터 육아휴직 급여를 지급하지 아니한다.
② 피보험자가 육아휴직 기간 중에 취업을 준비한 경우에는 그 취업을 준비한 기간에 대해서는 육아휴직 급여를 지급하지 아니한다.
③ 피보험자가 사업주로부터 육아휴직을 이유로 금품을 지급받은 경우 고용노동부령으로 정하는 바에 따라 급여를 감액하여 지급할 수 있다.
④ 육아휴직 기간 중 취업한 사실을 기재하지 아니하거나 거짓으로 기재하여 육아휴직 급여를 받았거나 받으려 한 사람에 대해서는 위반횟수 등을 고려하여 고용노동부령으로 정하는 바에 따라 지급이 제한되는 육아휴직 급여의 범위를 달리 정할 수 있다.

16 다음 빈칸에 들어갈 숫자들로 옳은 것은?

> 「근로기준법」에 따른 출산전후휴가 또는 유산·사산휴가 기간. 다만, 우선지원 대상기업이 아닌 경우에는 휴가 기간 중 (㉠)일(한 번에 둘 이상의 자녀를 임신한 경우에는 (㉡)일)을 초과한 일수[(㉢)일을 한도로 하되, 한 번에 둘 이상의 자녀를 임신한 경우에는 (㉣)일을 한도로 한다]로 한정한다.

① ㉠ : 60, ㉡ : 70, ㉢ : 25, ㉣ : 40
② ㉠ : 60, ㉡ : 75, ㉢ : 30, ㉣ : 40
③ ㉠ : 60, ㉡ : 75, ㉢ : 30, ㉣ : 45
④ ㉠ : 75, ㉡ : 80, ㉢ : 40, ㉣ : 50

17 다음 중 기금의 용도에 대한 설명으로 옳지 않은 것은?

① 고용확대·직업능력개발 사업에 필요한 경비
② 실업급여의 지급
③ 이 법과 고용산재보험료징수법에 따른 업무를 대행하거나 위탁받은 사람에 대한 출연금
④ 법의 시행을 위하여 필요한 경비로서 대통령령으로 정하는 경비와 사업의 수행에 딸린 경비

18 다음 중 기금운용 계획에 포함되어야 할 사항으로 옳은 것은?

① 기금의 투자와 지출에 관한 사항
② 최근 5년간의 사업계획·지출원인행위계획과 자금계획에 관한 사항
③ 전년도 이월자금의 처리에 관한 사항
④ 지원금에 관한 사항

19 다음 빈칸에 들어갈 내용으로 옳지 않은 것은?

> 기금의 결산상 (   )이 생기면 이를 (   )으로 적립하여야 한다. 기금의 결산상 (   )이 생기면 (   )을 사용하여 이를 보전(補塡)할 수 있다.

① 적립금
② 잉여금
③ 손실금
④ 차입금

20 다음 중 고용보험 심사 및 재심사에 대한 설명으로 옳은 것은?

① 심사의 청구는 같은 항의 확인 또는 처분이 있음을 안 날부터 60일 이내에, 재심사의 청구는 심사청구에 대한 결정이 있음을 안 날부터 60일 이내에 각각 제기하여야 한다.
② 심사의 청구는 같은 항의 확인 또는 처분이 있음을 안 날부터 90일 이내에, 재심사의 청구는 심사청구에 대한 결정이 있음을 안 날부터 90일 이내에 각각 제기하여야 한다.
③ 심사 및 재심사의 청구는 시효중단에 관하여 재판상의 청구로 보지 않는다.
④ 피보험자격의 취득·상실에 대한 확인, 규정에 따른 실업급여 및 육아휴직 급여와 출산전후휴가 급여 등에 관한 처분에 이의가 있는 사람은 심사관에게 심사를 청구할 수 있지만 그 결정에 이의가 있더라도 재심사는 청구할 수 없다.

21 다음 중 심사 청구의 방식으로 옳은 것은?

① 심사의 청구는 대통령령으로 정하는 바에 따라 문서로 하여야 한다.
② 심사의 청구는 대통령령으로 정하는 바에 따라 구두로 하여야 한다.
③ 심사의 청구는 고용노동부가 정하는 바에 따라 구두로 하여야 한다.
④ 심사의 청구는 고용노동부가 정하는 바에 따라 문서로 하여야 한다.

22 고용보험법에서 3년간 시행하지 않으면 소멸되는 권리로 옳은 것은?

① 지원금을 요구하거나 지급받을 권리
② 취업촉진 수당을 지급받거나 반환받을 권리
③ 구직급여를 요구할 권리
④ 육아휴직 급여, 육아기 근로시간 단축 급여 및 출산 후 휴가 급여 등을 반환받을 권리

23 다음 중 고용보험법상의 심리에 대한 설명으로 옳은 것은?

① 심사위원회는 재심사의 청구를 받으면 그 청구에 대한 심리 기일(審理期日) 및 장소를 정하여 심리 기일 일주일 전까지 당사자 및 그 사건을 심사한 심사관에게 알려야 한다.
② 당사자는 심사위원회에 문서나 구두로 그 의견을 진술할 수 있다.
③ 심사위원회의 재심사청구에 대한 심리는 공개하지 아니한다. 다만, 당사자의 양쪽 또는 어느 한 쪽이 신청한 경우에는 공개할 수 있다.
④ 위원회는 당사자나 관계인이 열람 신청을 하더라도 이를 거부할 수 있는 권리를 가진다.

24 고용보험법에서 포상금의 지급에 관한 설명으로 옳지 않은 것은?

① 육아휴직 급여 또는 출산전후휴가 급여 지원과 관련한 부정행위를 신고한 사람에게 예산의 범위에서 포상금을 지급할 수 있다.
② 실업급여지원과 관련한 부정행위를 신고한 사람에게 예산의 범위에서 포상금을 지급할 수 있다.
③ 보험사업의 지원과 관련한 부정행위를 신고한 사람에게 예산의 범위에서 포상금을 지급할 수 있다.
④ 부정행위의 신고 및 포상금의 지급에 필요한 사항은 고용노동부령으로 정한다.

25 고용보험법에서 과태료에 대한 설명으로 옳지 않은 것은?

① 이직확인서를 제출하지 아니하거나 거짓으로 작성하여 제출한 사람 또는 발급하여 준 사람은 100만 원 이하의 과태료를 부과한다.

② 고용노동부장관이 요구한 보고를 하지 아니하거나 거짓으로 보고한 사람은 100만 원 이하의 과태료를 부과한다.

③ 고용노동부장관이 제시한 질문에 답변하지 아니하거나 거짓으로 진술한 사람 또는 검사를 거부·방해하거나 기피한 사람은 100만 원 이하의 과태료를 부과한다.

④ 심사 또는 재심사의 청구를 받아 하는 심사관 및 심사위원회의 질문에 답변하지 아니하거나 거짓으로 진술한 사람 또는 검사를 거부·방해하거나 기피한 사람에게는 100만 원 이하의 과태료를 부과한다.

1 ②

정의 〈「고용보험법」 제2조〉

이 법에서 사용하는 용어의 뜻은 다음과 같다.

ⓣ "피보험자"란 다음 각 목에 해당하는 사람을 말한다.

　가. 「고용보험 및 산업재해보상보험의 보험료징수 등에 관한 법률」(이하 "보험료징수법"이라 한다) 제5조제1항·제2항, 제6조제1항, 제8조제1항·제2항에 따라 보험에 가입되거나 가입된 것으로 보는 근로자

　나. 고용산재보험료징수법 제49조의2제1항·제2항에 따라 고용보험에 가입하거나 가입된 것으로 보는 자영업자(이하 "자영업자인 피보험자"라 한다)

ⓛ "이직(離職)"이란 피보험자와 사업주 사이의 고용관계가 끝나게 되는 것을 말한다.

ⓒ "실업"이란 근로의 의사와 능력이 있음에도 불구하고 취업하지 못한 상태에 있는 것을 말한다.

ⓔ "실업의 인정"이란 직업안정기관의 장이 제43조에 따른 수급자격자가 실업한 상태에서 적극적으로 직업을 구하기 위하여 노력하고 있다고 인정하는 것을 말한다.

ⓜ "보수"란 「소득세법」 제20조에 따른 근로소득에서 대통령령으로 정하는 금품을 뺀 금액을 말한다. 다만, 휴직이나 그 밖에 이와 비슷한 상태에 있는 기간 중에 사업주 외의 사람으로부터 지급받는 금품 중 고용노동부장관이 정하여 고시하는 금품은 보수로 본다.

ⓗ "일용근로자"란 1개월 미만 동안 고용되는 사람을 말한다.

2 ④

위원의 임기 등 〈「고용보험법 시행령」 제1조의4 제2항〉

고용노동부장관은 제1조의3제1항 및 제2항에 따라 위촉한 위원이 다음 각 호의 어느 하나에 해당하는 경우에는 해당 위원을 해촉(解囑)할 수 있다.

ⓣ 심신장애로 인하여 직무를 수행할 수 없게 된 경우

ⓛ 직무와 관련된 비위사실이 있는 경우

ⓒ 직무태만, 품위손상이나 그 밖의 사유로 인하여 위원으로 적합하지 아니하다고 인정되는 경우

ⓔ 위원 스스로 직무를 수행하는 것이 곤란하다고 의사를 밝히는 경우

3 ①

적용 범위 〈「고용보험법」 제8조〉

이 법은 근로자를 사용하는 모든 사업 또는 사업장(이하 "사업"이라 한다)에 적용한다. 다만, 산업별 특성 및 규모 등을 고려하여 대통령령으로 정하는 사업에 대하여는 적용하지 아니한다.

4 ③

피보험자의 상실일 〈「고용보험법」 제14조 제1항〉

피보험자는 다음 각 호의 어느 하나에 해당하는 날에 각각 그 피보험자격을 상실한다.

ㄱ 피보험자가 제10조 및 제10조의2에 따른 적용 제외 근로자에 해당하게 된 경우에는 그 적용 제외 대상자가 된 날

ㄴ 고용산재보험료징수법 제10조에 따라 보험관계가 소멸한 경우에는 그 보험관계가 소멸한 날

ㄷ 피보험자가 이직한 경우에는 이직한 날의 다음 날

ㄹ 피보험자가 사망한 경우에는 사망한 날의 다음 날

5 ④

피보험자격에 대한 신고 등 〈「고용보험법」 제15조 제2항〉

고용산재보험료징수법 제9조에 따라 원수급인(元受給人)이 사업주로 된 경우에 그 사업에 종사하는 근로자 중 원수급인이 고용하는 근로자 외의 근로자에 대하여는 그 근로자를 고용하는 다음 각 호의 하수급인(下受給人)이 제1항에 따른 신고를 하여야 한다. 이 경우 원수급인은 고용노동부령으로 정하는 바에 따라 하수급인에 관한 자료를 고용노동부장관에게 제출하여야 한다.

ㄱ 「건설산업기본법」 제2조제7호에 따른 건설사업자

ㄴ 「주택법」 제4조에 따른 주택건설사업자

ㄷ 「전기공사업법」 제2조제3호에 따른 공사업자

ㄹ 「정보통신공사업법」 제2조제4호에 따른 정보통신공사업자

ㅁ 「소방시설공사업법」 제2조제1항제2호에 따른 소방시설업자

ㅂ 「문화재수리 등에 관한 법률」 제14조에 따른 문화재수리업자

6 ③

우선지원 대상기업의 범위 〈「고용보험법 시행령」 제12조 제3항〉

우선지원 대상기업이 그 규모의 확대 등으로 우선지원 대상기업에 해당하지 아니하게 된 경우 그 사유가 발생한 연도의 다음 연도부터 5년간 우선지원 대상기업으로 본다.

7 ④

고용안정 · 직업능력개발 사업의 실시 〈「고용보험법」 제19조 제1항〉

고용노동부장관은 피보험자 및 피보험자였던 사람, 그 밖에 취업할 의사를 가진 사람 (이하 "피보험자등"이라 한다)에 대한 실업의 예방, 취업의 촉진, 고용기회의 확대, 직업능력개발 · 향상의 기회 제공 및 지원, 그 밖에 고용안정과 사업주에 대한 인력 확보를 지원하기 위하여 고용안정 · 직업능력개발 사업을 실시한다.

8 ④

우선지원 대상의 범위 〈「고용보험법 시행령」 제12조 제1항〉

법 제19조제2항에서 "대통령령으로 정하는 기준에 해당하는 기업"이란 산업별로 사용하는 근로자수가 [별표 1]의 기준에 해당하는 기업(이하 "우선지원 대상기업"이라 한다)을 말한다.

※ 우선지원 대상기업의 상시 사용하는 근로자 기준[별표 1]

산업분류	분류 기호	상시 사용하는 근로자 수
제조업[다만, 산업용 기계 및 장비 수리업(34)은 그 밖의 업종으로 본다]	C	500명 이하
2. 광업	B	300명 이하
3. 건설업	F	
4. 운수 및 창고업	H	
5. 정보통신업	J	
6. 사업시설 관리, 사업 지원 및 임대 서비스업[다만, 부동산 이외 임대업(76)은 그 밖의 업종으로 본다]	N	
7. 전문, 과학 및 기술 서비스업	M	
8. 보건업 및 사회복지 서비스업	Q	
9. 도매 및 소매업	G	200명 이하
10. 숙박 및 음식점업	I	
11. 금융 및 보험업	K	
12. 예술, 스포츠 및 여가 관련 서비스업	R	
13. 그 밖의 업종		100명 이하

- 「기간제 및 단시간근로자 보호 등에 관한 법률」 제2조제1호의 기간제근로자
- 「근로기준법」 제2조제1항제8호의 단시간근로자
- 「파견근로자 보호 등에 관한 법률」 제2조제5호의 파견근로자
- 일용근로자
- 「고용상 연령차별금지 및 고령자고용촉진에 관한 법률」 제2조제1호 또는 제2호의 고령자 또는 준고령자
- 그 밖에 대통령령으로 정하는 사람

10 ④

실업급여의 종류 〈「고용보험법」 제37조〉
㉠ 실업급여는 구직급여와 취업촉진 수당으로 구분한다.
㉡ 취업촉진 수당의 종류는 다음 각 호와 같다.
- 조기(早期)재취업 수당
- 직업능력개발 수당
- 광역 구직활동비
- 이주비

11 ①

실업의 신고 〈「고용보험법」 제42조 제1항〉
구직급여를 지급받으려는 사람은 이직 후 지체 없이 직업안정기관에 출석하여 실업을 신고하여야 한다.

9 ②

사업주에 대한 직업능력개발 훈련의 지원 〈「고용보험법」 제27조〉
㉠ 고용노동부장관은 피보험자등의 직업능력을 개발·향상시키기 위하여 대통령령으로 정하는 직업능력개발 훈련을 실시하는 사업주에게 대통령령으로 정하는 바에 따라 그 훈련에 필요한 비용을 지원할 수 있다.
㉡ 고용노동부장관은 사업주가 다음 각 호의 어느 하나에 해당하는 사람에게 제1항에 따라 직업능력개발 훈련을 실시하는 경우에는 대통령령으로 정하는 바에 따라 우대 지원할 수 있다.

12 ②

이주비 〈「고용보험법」제67조〉

㉠ 이주비는 수급자격자가 취업하거나 직업안정 기관의 장이 지시한 직업능력개발 훈련 등을 받기 위하여 그 주거를 이전하는 경우로서 대통령령으로 정하는 기준에 따라 직업안정기관의 장이 필요하다고 인정하면 지급할 수 있다.

㉡ 이주비의 금액은 수급자격자 및 그 수급자격자에 의존하여 생계를 유지하는 동거 친족의 이주에 일반적으로 드는 비용으로 하되, 그 금액의 산정은 고용노동부령으로 정하는 바에 따라 따른다.

13 ②

폐업사유에 따른 수급자격의 제한 〈「고용보험법」제69조의7〉

제69조의3에도 불구하고 폐업한 자영업자인 피보험자가 다음 각 호의 어느 하나에 해당한다고 직업안정기관의 장이 인정하는 경우에는 수급자격이 없는 것으로 본다.

㉠ 법령을 위반하여 허가 취소를 받거나 영업 정지를 받음에 따라 폐업한 경우

㉡ 방화(放火) 등 피보험자 본인의 중대한 귀책사유로서 고용노동부령으로 정하는 사유로 폐업한 경우

㉢ 매출액 등이 급격하게 감소하는 등 고용노동부령으로 정하는 사유가 아닌 경우로서 전직 또는 자영업을 다시 하기 위하여 폐업한 경우

㉣ 그 밖에 고용노동부령으로 정하는 정당한 사유에 해당하지 아니하는 사유로 폐업한 경우

14 ①

육아휴직 급여 신청기간의 연장 사유 〈「고용보험법 시행령」제94조〉

법 제70조제2항 단서에서 "대통령으로 정하는 사유"란 다음 각 호의 어느 하나에 해당하는 사유를 말한다.

㉠ 천재지변

㉡ 본인이나 배우자의 질병·부상

㉢ 본인이나 배우자의 직계존속 및 직계비속의 질병·부상

㉣ 「병역법」에 따른 의무복무

㉤ 범죄혐의로 인한 구속이나 형의 집행

15 ④

육아휴직 급여의 지급 제한 등 〈「고용보험법」제73조〉

㉠ 피보험자가 육아휴직 기간 중에 그 사업에 이직한 경우에는 그 이직하였을 때부터 육아휴직 급여를 지급하지 아니한다.

㉡ 피보험자가 육아휴직 기간 중에 제70조제3항에 따른 취업을 한 경우에는 그 취업한 기간에 대해서는 육아휴직 급여를 지급하지 아니한다.

㉢ 피보험자가 사업주로부터 육아휴직을 이유로 금품을 지급받은 경우 대통령령으로 정하는 바에 따라 급여를 감액하여 지급할 수 있다.

㉣ 거짓이나 그 밖의 부정한 방법으로 육아휴직 급여를 받았거나 받으려 한 사람에게는 그 급여를 받은 날 또는 받으려 한 날부터의 육아휴직 급여를 지급하지 아니한다. 다만, 그 급여와 관련된 육아휴직 이후에 새로 육아휴직 급여 요건을 갖춘 경우 그 새로운 요건에 따른 육아휴직 급여는 그러하지 아니하다.

㉤ 제4항 본문에도 불구하고 제70조제3항을 위반하여 육아휴직 기간 중 취업한 사실을 기재하지 아니하거나 거짓으로 기재하여 육아휴직 급여를 받았거나 받으려 한 사람에 대해서는 위반횟수 등을 고려하여 고용노동부령으로 정하는 바에 따라 지급이 제한되는 육아휴직 급여의 범위를 달리 정할 수 있다.

16 ③

지급 기간 등 〈「고용보험법」 제76조 제1항 제1호〉

제75조에 따른 출산전후휴가 급여 등은 다음 각 호의 휴가 기간에 대하여 「근로기준법」의 통상임금(휴가를 시작한 날을 기준으로 산정한다)에 해당하는 금액을 지급한다.

• 「근로기준법」 제74조에 따른 출산전후휴가 또는 유산·사산휴가 기간. 다만, 우선 지원 대상기업이 아닌 경우에는 휴가 기간 중 60일(한 번에 둘 이상의 자녀를 임신한 경우에는 75일)을 초과한 일수(30일을 한도로 하되, 한 번에 둘 이상의 자녀를 임신한 경우에는 45일을 한도로 한다)로 한정한다.

17 ①

기금의 용도 〈「고용보험법」 제80조 제1항〉

기금은 다음 각 호의 용도에 사용하여야 한다.

㉠ 고용안정·직업능력개발 사업에 필요한 경비
㉡ 실업급여의 지급
㉢ 제55조의2에 따른 국민연금 보험료의 지원
㉣ 육아휴직 급여 및 출산전후휴가 급여 등의 지급
㉤ 보험료의 반환
㉥ 일시 차입금의 상환금과 이자
㉦ 이 법과 고용산재보험료징수법에 따른 업무를 대행하거나 위탁받은 사람에 대한 출연금
㉧ 그 밖에 이 법의 시행을 위하여 필요한 경비로서 대통령령으로 정하는 경비와 제1호 및 제2호에 따른 사업의 수행에 딸린 경비

18 ③

기금운용 계획 〈「고용보험법 시행령」 제109조〉

법 제81조제1항에 따른 기금운용 계획에는 다음 각 호의 사항이 포함되어야 한다.

㉠ 기금의 수입과 지출에 관한 사항
㉡ 해당 연도의 사업계획·지출원인행위계획과 자금계획에 관한 사항
㉢ 전년도 이월자금의 처리에 관한 사항
㉣ 적립금에 관한 사항
㉤ 그 밖에 기금운용에 필요한 사항

19 ④

잉여금과 손실금의 처리 〈「고용보험법」 제85조〉

㉠ 기금의 결산상 잉여금이 생기면 이를 적립금으로 적립하여야 한다.
㉡ 기금의 결산상 손실금이 생기면 적립금을 사용하여 이를 보전(補塡)할 수 있다.

20 ②

심사와 재심사 〈「고용보험법」 제87조〉

㉠ 제17조에 따른 피보험자격의 취득·상실에 대한 확인, 제4장의 규정에 따른 실업급여 및 제5장에 따른 육아휴직 급여와 출산전후휴가 급여 등에 관한 처분[이하 "원처분 (原處分)등"이라 한다]에 이의가 있는 사람은 제89조에 따른 심사관에게 심사를 청구할 수 있고, 그 결정에 이의가 있는 사람은 제99조에 따른 심사위원회에 재심사를 청구할 수 있다.
㉡ 제1항에 따른 심사의 청구는 같은 항의 확인 또는 처분이 있음을 안 날부터 90일이내에, 재심사의 청구는 심사청구에 대한 결정이 있음을 안 날부터 90일 이내에 각각 제기하여야 한다.
㉢ 제1항에 따른 심사 및 재심사의 청구는 시효 중단에 관하여 재판상의 청구로 본다.

21 ①

청구의 방식 〈「고용보험법」 제92조〉

심사의 청구는 대통령령으로 정하는 바에 따라 문서로 하여야 한다.

22 ②

소멸시효 〈「고용보험법」 제107조 제1항〉

다음 각 호의 어느 하나에 해당하는 권리는 3년 간 행사하지 아니하면 시효로 소멸한다.

㉠ 제3장에 따른 지원금을 지급받거나 반환받을 권리

㉡ 제4장에 따른 취업촉진 수당을 지급받거나 반환받을 권리

㉢ 제4장에 따른 구직급여를 반환받을 권리

㉣ 제5장에 따른 육아휴직 급여, 육아기 근로시간 단축 급여 및 출산전후휴가 급여 등을 반환받을 권리

23 ②

심리 〈「고용보험법」 제101조〉

㉠ 심사위원회는 재심사의 청구를 받으면 그 청구에 대한 심리 기일(審理期日) 및 장소를 정하여 심리 기일 3일 전까지 당사자 및 그 사건을 심사한 심사관에게 알려야 한다.

㉡ 당사자는 심사위원회에 문서나 구두로 그 의견을 진술할 수 있다.

㉢ 심사위원회의 재심사청구에 대한 심리는 공개한다. 다만, 당사자의 양쪽 또는 어느 한 쪽이 신청한 경우에는 공개하지 아니할 수 있다.

㉣ 심사위원회는 심리조서(審理調書)를 작성하여야 한다.

㉤ 당사자나 관계인은 제4항의 심리조서의 열람을 신청할 수 있다.

㉥ 위원회는 당사자나 관계인이 제5항에 따른 열람 신청을 하면 정당한 사유 없이 이를 거부하여서는 아니 된다.

㉦ 재심사청구의 심리에 관하여는 제94조 및 제95조를 준용한다. 이 경우 "심사관"은 "심사위원회"로, "심사의 청구"는 "재심사의 청구"로, "심사청구인"은 "재심사청구인"으로 본다.

24 ③

포상금의 지급 〈「고용보험법」 제112조〉

㉠ 고용노동부장관은 이 법에 따른 고용안정·직업능력개발 사업의 지원·위탁 및 실업 급여·육아휴직 급여 또는 출산전후휴가 급여 등의 지원과 관련한 부정행위를 신고한 사람에게 예산의 범위에서 포상금을 지급할 수 있다.

㉡ 제1항에 따른 부정행위의 신고 및 포상금의 지급에 필요한 사항은 고용노동부령으로 정한다.

25 ①

과태료 〈「고용보험법」 제118조〉

㉠ 다음 각 호의 어느 하나에 해당하는 사업주, 보험사무대행기관의 대표자 또는 대리인·사용인, 그 밖의 종업원에게는 300만 원 이하의 과태료를 부과한다.

• 제15조를 위반하여 신고를 하지 아니하거나 거짓으로 신고한 사람

• 제42조제3항 후단을 위반하여 이직확인서를 발급하여 주지 아니하거나 거짓으로 작성하여 발급하여 준 사람

• 제43조제4항 후단을 위반하여 이직확인서를 제출하지 아니하거나 거짓으로 작성하여 제출한 사람

• 제108조제1항에 따른 요구에 따르지 아니하여 보고를 하지 아니하거나 거짓으로 보고한 사람, 같은 요구에 따르지 아니하여 문서를 제출하지 아니하거나 거짓으로 적은 문서를 제출한 사람 또는 출석하지 아니한 사람

• 제108조제2항에 따른 요구에 따르지 아니하여 증명서를 내주지 아니한 사람

• 제109조제1항에 따른 질문에 답변하지 아니하거나 거짓으로 진술한 사람 또는 조사를 거부·방해하거나 기피한 사람

㉡ 다음 각 호의 어느 하나에 해당하는 피보험자, 수급자격자 또는 지급되지 아니한 실업급여의 지급을 청구하는 사람에게는 100만 원 이하의 과태료를 부과한다.

- 제108조제3항에 따라 요구된 보고를 하지 아니하거나 거짓으로 보고한 사람, 문서를 제출하지 아니하거나 거짓으로 적은 문서를 제출한 사람 또는 출석하지 아니한 사람
- 제109조제1항에 따른 질문에 답변하지 아니하거나 거짓으로 진술한 사람 또는 검사를 거부·방해하거나 기피한 사람

ⓒ 제87조에 따른 심사 또는 재심사의 청구를 받아 하는 심사관 및 심사위원회의 질문에 답변하지 아니하거나 거짓으로 진술한 사람 또는 검사를 거부·방해하거나 기피한 사람에게는 100만 원 이하의 과태료를 부과한다.

ⓓ 제1항부터 제3항까지의 규정에 따른 과태료는 대통령령으로 정하는 바에 따라 고용노동부장관이 부과·징수한다.

당신의 꿈은 뭔가요?

MY BUCKET LIST !

꿈은 목표를 향해 가는 길에 필요한 휴식과 같아요.

여기에 당신의 소중한 위시리스트를 적어보세요. 하나하나 적다보면 어느새 기분도

좋아지고 다시 달리는 힘을 얻게 될 거예요.

- ☐ _____
- ☐ _____
- ☐ _____
- ☐ _____
- ☐ _____
- ☐ _____
- ☐ _____
- ☐ _____
- ☐ _____
- ☐ _____
- ☐ _____
- ☐ _____
- ☐ _____
- ☐ _____
- ☐ _____
- ☐ _____
- ☐ _____
- ☐ _____
- ☐ _____
- ☐ _____
- ☐ _____
- ☐ _____
- ☐ _____
- ☐ _____
- ☐ _____
- ☐ _____
- ☐ _____

- ☐ _____
- ☐ _____
- ☐ _____
- ☐ _____
- ☐ _____
- ☐ _____
- ☐ _____
- ☐ _____
- ☐ _____
- ☐ _____
- ☐ _____
- ☐ _____
- ☐ _____
- ☐ _____
- ☐ _____
- ☐ _____
- ☐ _____
- ☐ _____
- ☐ _____
- ☐ _____
- ☐ _____
- ☐ _____
- ☐ _____
- ☐ _____
- ☐ _____
- ☐ _____
- ☐ _____

창의적인 사람이 되기 위해서

정보가 넘치는 요즘, 모두들 창의적인 사람을 찾죠.
정보의 더미에서 평범한 것을 비범하게 만드는 마법의 손이 필요합니다.
어떻게 해야 마법의 손과 같은 '창의성'을 가질 수 있을까요. 여러분께만 알려 드릴게요!

01. 생각나는 모든 것을 적어 보세요.

아이디어는 단번에 솟아나는 것이 아니죠. 원하는 것이나, 새로 알게 된 레시피나, 뭐든 좋아요.
떠오르는 생각을 모두 적어 보세요.

02. '잘하고 싶어!'가 아니라 '잘하고 있다!'라고 생각하세요.

누구나 자신을 다그치곤 합니다. 잘해야 해. 잘하고 싶어.
그럴 때는 고개를 세 번 젓고 나서 외치세요. '나, 잘하고 있다!'

03. 새로운 것을 시도해 보세요.

신선한 아이디어는 새로운 곳에서 떠오르죠. 처음 가는 장소, 다양한 장르에 음악, 나와 다른 분야의 사람.
익숙하지 않은 신선한 것들을 찾아서 탐험해 보세요.

04. 남들에게 보여 주세요.

독특한 아이디어라도 혼자 가지고 있다면 키워 내기 어렵죠.
최대한 많은 사람들과 함께 정보를 나누며 아이디어를 발전시키세요.

05. 잠시만 쉬세요.

생각을 계속 하다보면 한쪽으로 치우치기 쉬워요. 25분 생각했다면 5분은 쉬어 주세요.
휴식도 창의성을 키워 주는 중요한 요소랍니다.